NISCHEN
HÖHLEN
HÄNGEMATTEN

Jutta Dreisbach-Olsen
Sibylle Haas-Krumm
Marianne Philipps-Prenzel

NISCHEN
HÖHLEN
HÄNGEMATTEN

Kita-Räume verändern sich

Luchterhand

Die Deutsche Bibliothek - CIP-Einheitsaufnahme

Dreisbach-Olsen, Jutta : Nischen, Höhlen, Hängematten : Kita-Räume verändern sich / Jutta Dreisbach-Olsen ; Sibylle Haas-Krumm ; Marianne Philipps-Prenzel. - 2. Aufl. - Neuwied ; Kriftel ; Berlin : Luchterhand, 1998
ISBN 3-472-03110-7

Umschlaggestaltung und Layout: Dietrich Otte, Berlin
Druck und Bindung: Druckhaus Schmergow
Printed in Germany, April 1998

Inhaltsverzeichnis

Einleitung 10

In Kita-Räumen leben 13

Räume erleben 14

Raumgestaltung und pädagogische Konzeption –
was hat das miteinander zu tun? 15
Situationsansatz 16
Räume in Reggio/Italien 16
Montessoripädagogik 17
Der evangelische Kindergarten 18
Waldorf-Pädagogik 19

Die Quadratur des Kreises 21
Kita als Lebensraum für Kinder, Erzieherinnen und Eltern 22
Raumstruktur, Pädagogik und Kommunikation 26

Was eine Kita zum lebendigen Ort macht 30

Sich begegnen 31
Das Kind begegnet sich selbst 31
Erzieherin und Kind 31
Die Gruppe 32
Die Eltern 32
Küchen- und Reinigungspersonal 32
Die Kolleginnen untereinander 32

Sich bewegen 33
Kinder in Bewegung 33
Entwicklung braucht Bewegung 33
Bewegter Kindergarten 34

Zur Ruhe kommen 36
Zeiten der Ruhe 36
Was schafft Unruhe? 37
Oasen der Ruhe 37
Schlaf- und Ruheräume 39

Verändern 40
Prozeß und Produkt 40
Kinder wollen sich selbst verändern 41
Kinder wollen die eigene Perspektive ändern und Podeste erobern 41
Kinder wollen den Raum neu erleben. 44
Inszenierte Räume 47
... Sätze zum Nachdenken 48

... und habe einen kleinen warmen Raum **49**

Experimentieren – mit Dingen hantieren 65
Die Welt der Erwachsenen in die Kita holen. 65
Für die ganz Kleinen 66
Haushaltsdinge – nicht nur für Mädchen 66
Für Hort- und Vorschulkinder 66
Elementare Erfahrungen mit Natur 68

Etwas sichtbar machen 70
Den Alltag dokumentieren 70
Kitafenster 71
Eindrücke sichtbar machen – malen und gestalten 72
Räume zum Malen und Gestalten 73
Materialien zum Malen und Gestalten 75
Wohin mit kindlichen Kunstwerken? 76

Zur Balance zwischen pädagogischem Auftrag
und Sicherheitsbestimmungen 77

Was den Raum zum Raum macht 79

Wände und Farben 80
Licht 84
Fußböden 88

Berichte aus Kindertagesstätten 89

Beratung im ev. Kindergarten Bad Freienwalde 90
Unsere ersten Eindrücke 90
Was wir vorfanden 90
Wege zur Veränderung 94
Veränderungen nehmen Gestalt an 96
Aktivitäten der Eltern und Erzieherinnen 101
Rückblick und Ausblick 102

Lebens-Raum im Plattenbau 103
Die Fortbildung 104
Raumplanung 106
Praktische Umsetzung 107
Reflexion 109

Literaturliste 110

Das Recht des Kindes auf Dabeisein

Das Recht des Kindes auf Alleinsein

Das Recht des Kindes auf neue Chancen

Das Recht des Kindes auf Hilfe

Das Recht des Kindes zu helfen

Das Recht des Kindes auf Unordnung

Das Recht des Kindes auf Risiken

Das Recht des Kindes auf Ungewißheiten

Das Recht des Kindes auf alle seine Gefühle

Das Recht des Kindes zu lernen

Das Recht des Kindes auf Wirklichkeit

Einleitung

In Hängematten schaukeln,
in ein Meer Tüchern und Folien tauchen,
aus Kisten und Kartons Züge und Kaufläden bauen,
sich unter Decken und Netzen verstecken...

Alltag findet größtenteils in Räumen statt,
auch der Kindergartenalltag.

Räume umschließen uns, wie unsere dritte Haut,
sie wirken sich aus auf unser Verhalten und auf unser Wohlbefinden.

Räume prägen den pädagogischen Alltag in Kindertagesstätten und – andersherum – prägt die pädagogische Konzeption die Gestaltung der Räume – ein spannungsvolles Wechselverhältnis.

Kita-Räume verändern, nach pädagogischen Überlegungen und mit einfachen Mitteln, das ist unser Thema.

In den letzten Jahren ist zwar die Sensibilität den Räumen in der Kita gegenüber gewachsen, vieles ist diskutiert und verändert worden. Dennoch finden wir Räume vor, die steril und pflegeleicht, überschaubar und langweilig sind; Räume, die den Kindern wenig Möglichkeiten bieten, sich selbst auszudrücken und Entdeckungen zu machen. Wo gibt es Überraschungen fürs Auge und Blickfänge, wo bieten die Räume aufregende Geheimnisse und vielfältige Anregungen?

Wir haben uns gefragt: Was macht eigentlich die Kita zu einem spannenden und lebendigen Ort, in dem sich Kinder und Erwachsene gleichermaßen wohlfühlen können? Wir sind auf sechs menschliche Grundbedürfnisse gestoßen, die in jeder Kindertagesstätte berücksichtigt werden sollen – sowohl in der Konzeption als auch bei der Gestaltung der Räume:

Kinder wollen sich und anderen **begegnen, verändern**, sich selbst und den Raum, **entdecken**, etwas **sichtbar** machen nach außen, malen und gestalten, sich **bewegen** und **zur Ruhe kommen**.

Der **erste Teil** handelt allgemein vom Zusammenhang zwischen Konzeption und Raumgestaltung in Kindertagesstätten.

Im **zweiten Teil** haben wir zu den genannten sechs Grundbedürfnissen praktische Beispiele zur Gestaltung der Räume gesammelt, jeweils in Verbindung mit theoretischen Überlegungen. Wir wollten nicht Anregungen zur Umgestaltung der Räume mit einfachen Mitteln als Ideenkatalog aneinanderreihen, sondern sie jeweils in Beziehung setzen zu den zugrundeliegenden psychologischen und pädagogischen Gedanken und konzeptionellen Überlegungen. Wir bewegen uns deshalb immer zwischen den beiden Ebenen – der theoretischen und der praktischen – hin und her. Das erfordert etwas Geduld beim Lesen und beim Herausfinden der geeigneten gestalterischen Lösungen.

Der **dritte Teil** handelt von dem, was den Raum zum Raum macht, von Licht und Farben, Wänden und Fußböden.

Im **vierten Teil** stellen wir Beratungsprozesse in Kindertagesstätten zu unserem Thema vor: Mitarbeiterinnen eines evangelischen Kindergartens in Bad Freienwalde und einer Kita aus Werder an der Havel unter der Trägerschaft des Deutschen Roten Kreuzes planten die Umgestaltung ihrer sehr unterschiedlichen Räume. Sie wurden dabei jeweils durch Fortbildung und Beratung ihres Trägers unterstützt. Außerdem finden Sie hier Ideen aus verschiedenen kommunalen Kindertagesstätten.

Diese Berichte zeigen Wege, die auch andere Einrichtungen einschlagen können. Es wird deutlich, daß mit Zeit und Ausdauer, Begeisterung und guten Argumenten vieles erreicht werden kann.

Wir wünschen Ihnen Ruhe zum Lesen, Spaß beim Planen, Mut zum Verändern und viel Unterstützung von allen Seiten bei der Verwirklichung Ihrer Ideen.

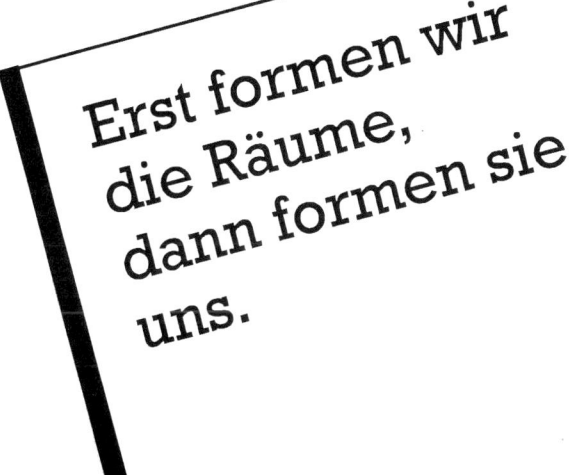

Erst formen wir die Räume, dann formen sie uns.

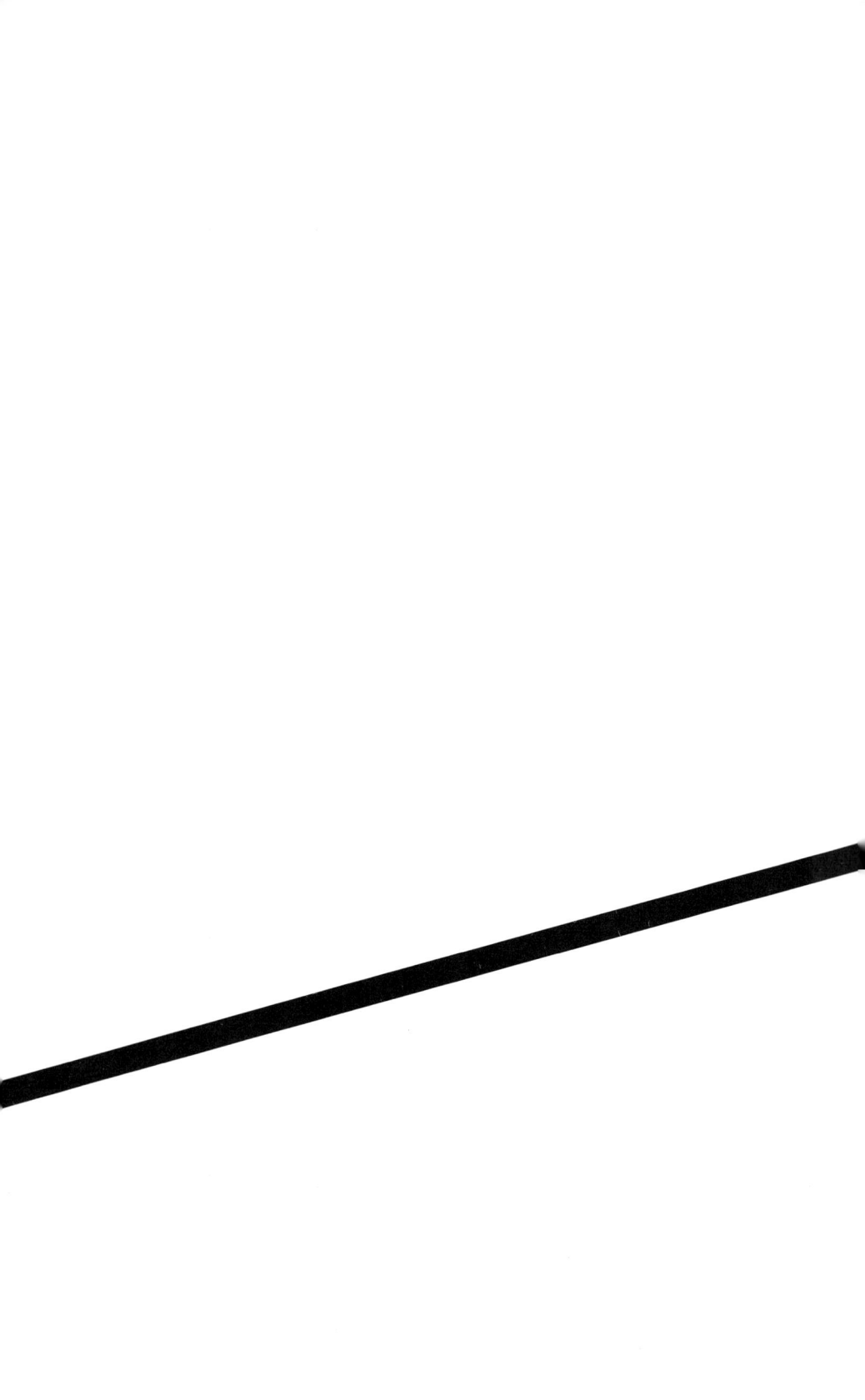

In Kita-Räumen leben

Räume
sind
geheime
Miterzieher

Räume erleben

Raum und Zeit bestimmen unser Leben

Die Zeit ist uns immer bewußt. Sie teilt unsere Tage in Stunden und Minuten, die Jahre in Wochen und Monate und das Leben in Anfang und Ende.

Der uns umgebende Raum dagegen ist uns in seiner Wirkung selten bewußt. Dennoch ist er von großer Bedeutung für unser Wohlbefinden und unsere Handlungsmöglichkeiten. Der **äußere** Raum, die Landschaften und Häuser, umgibt uns und steht uns gegenüber. Der **innere** Raum, unser Körper, grenzt sich vom äußeren Raum durch die Haut ab. Äußerer und innerer Raum stehen durch Augen, Ohren, Nase und die Haut miteinander in Verbindung.

Mit den Sinnen erfahren wir den Raum, nehmen ihn in uns auf als Eindruck und als Gefühl. Wir erleben die Wirkung von Räumen meistens unbewußt und diffus, dennoch mit weitreichenden Konsequenzen: Es gibt Räume, in denen man gerne zusammensitzt, oder arbeitet und bleiben möchte. Es gibt aber auch Räume, die niederdrücken, einsperren, Langeweile erzeugen und soziale Beziehungen verhindern.

Die Signale, die vom Raum ausgesandt und von den Sinnen empfangen werden, können:

- anregen oder langweilen
- beruhigen oder aufregen
- zum Handeln auffordern oder lähmen
- vereinzeln oder zusammenführen
- Orientierung bieten oder verwirren.

Gründe genug, sich mit der Gestaltung von Räumen im Kita-Alltag zu beschäftigen.

Raumgestaltung und pädagogische Konzeption – was hat das miteinander zu tun?

Es ist ein Unterschied, ...

... ob ich alle Kinder am liebsten immer im Blick habe, oder ob ich auch Nischen, Ecken, Höhlen im Raum ertragen kann,

... ob ich lieber an einem kleinen Schreibtisch sitze, oder mir an dieselbe Stelle im sicherlich engen Gruppenraum einen bequemen Sessel stelle, wo es sich gut vorlesen und kuscheln läßt,

... ob Malsachen, Scheren, Klebstoff in verschlossenen Schränken sind oder in offenen Regalen, erreichbar für die Kinder,

... ob ich Fotos von jungen Tieren aufhänge, weil kleine Kinder nun mal junge Tiere mögen, oder ob ich den Druck eines modernen Bildes aufhänge, das mir gefällt, und mit den Kindern herumphantasiere, was jeder auf dem Bild sieht,

... ob ich am liebsten alle Kinderprodukte der letzten Zeit aufhängen möchte – die Eltern sollen doch sehen, was alles gemacht wurde – oder ob ich mich auf weniges beschränken kann,

... ob die Kinder in den letzten zehn Minuten vor dem Essen zu den Holzpuzzles greifen oder ob sie Holzstücke, Steine, Muscheln usw. in erreichbarer Nähe haben,

... ob das Spielmaterial ausschließlich Kinderspielzeug ist, oder ob ich auch Gebrauchsgegenstände und Geräte von Erwachsenen sammle, und zum Spielen anbiete.

Die Liste läßt sich beliebig fortführen. Das Leben in der Kindergruppe, pädagogische Ziele und pädagogisches Handeln stehen in einem engen Wechselverhältnis zu dem, was in einem Raum möglich ist und was nicht: Selbständigkeit fördern, Phantasie entwickeln, sinnliche Wahrnehmung anregen, Freiräume schaffen für kindliche Entwicklung in einem sozialen Zusammenhang.

Die Gestaltung der Räume spielt in den unterschiedlichen pädagogischen Ansätzen, die gegenwärtig die Diskussion bestimmen, eine wichtige Rolle:
*   Situationsansatz
*   Pädagogik aus Reggio/Italien
*   Montessoripädagogik
*   Pädagogik in evangelischen Kindergärten
*   Waldorf-Pädagogik.

Wir versuchen, das hier kurz zu skizzieren mit Zitaten der jeweiligen Vertreter. Dies ersetzt natürlich nicht eine ausführliche Auseinandersetzung mit den jeweiligen Ansätzen, ihrem Bild vom Menschen und den weltanschaulichen Grundlagen, falls man sich an dem einen oder anderen Ansatz orientieren möchte.

Situationsansatz

„**Lernen** steht im sozial sinnvollen Zusammenhang. Ich, Kind, lerne Zahlen, weil ich gerne mit Dir telefonieren will. Ich frage Dich, Erzieherin, warum mir heiß wird, wenn ich Fieber bekomme (und Du wirst sehen, wie verflixt schwer es ist, darauf zu antworten). Ich, Kind, will mit den wirklichen Dingen umgehen, nicht mit solchen, die für eine künstliche Kinderwelt produziert werden. Umwelt wird bespielbar, die Dinge ringsum sind zu brauchen.

Nein, diese **Erzieherin** wird nicht die Glucke sein, die über ihrer Kindergruppe hockt und sie abschirmt. Sie hält Verbindungen nach außen, schlägt Brücken, sucht in Eltern kompetente Partner. Den Ritualen des Kindergartenalltags setzt sie die offene Planung entgegen. Sie ist keine Besserwissende, sondern die Begleiterin ihrer Kinder auf einem erfahrungsreichen und für alle oft überraschenden Weg. Weil sie mit Sinn und nicht entfremdet arbeiten will, kämpft sie für bessere Arbeitsbedingungen: für die ausreichende Vorbereitungszeit oder auch für die Chance, mit einer Kollegin in der Gruppe zusammenzuarbeiten.

Ein **Raum** hat nicht mehr zwei Ecken – die Bau- und die Puppenecke -, sondern viele Ecken: die Frühstücksecke, die Schminkecke, die Werkecke, die Kochecke, die Experimentierecke...

Und weil das alles bald ziemlich eng wird, erobern Erzieher und Kinder bald Flure und Vorräume, beziehen Küche und Lagerräume ein und machen auch vor der Außenfläche nicht halt. Sie beschaffen Verpackungskisten, Bierkästen, alte Planen und Seile, bauen Türme und Zelte, legen Gemüsebeete an, ziehen Mohrrüben, Tomaten, Kresse, Tiere – Meerschweinchen, Hasen, Hamster und weiße Mäuse."

Jürgen Zimmer, Situationsansatz, Acht Fragen zu vier Ansätzen der Pädagogik im Kindergarten, in: TPS 5/85

Räume in Reggio/Italien

• Die Kita ist ein ‚Aquarium' – durchlässig und durchsichtig. Eine enge Wechselbeziehung zwischen außen und innen, soll die Künstlichkeit, die jeder Kita anhaftet, überwinden.

• Räume sind die „dritte Erzieherin", die stumm, aber nachhaltig einwirkt.

• Räume sollen den Kindern Kommunikation und Zusammenarbeit (soziales Lernen) ermöglichen.

• Räume geben den Kindern Orientierung, Sicherheit und Wohlbefinden.

• Natürlich sollen sich die Kinder wohlfühlen. Wenn jedoch Kitas wie Wohnungen eingerichtet wären – mit allen von da bekannten Einschränkungen und Verboten – würden sie den Kindern Gewalt antun.

- Jede Kita hat einen großen Eingangsbereich – die Piazza –, die die Begegnung von Groß und Klein, vielfältige Spiele, ruhige Ecken für Gespräche ermöglicht und anregt.

- Podeste dienen der Bewegungsförderung und Schulung der Wahrnehmung, Räume sind dreidimensional: Die bei uns manchmal vernachlässigte dritte Dimension wird bewußt mit einbezogen durch Stufen, Podeste, Treppen, frei aufgestellte große Spielgeräte usw.

- Die Küche ist ein zentraler Ort des Hauses zum Hineinsehen und -gehen. Es ist wichtig, zu sehen und zu riechen, was man sich täglich einverleibt.

- Das Atelier mit seiner Kunstpädagogin bietet Raum und viele Anregungen für die Arbeit in Kleingruppen, für Experimente, Gestalten, für Hand- und Kopfarbeit.

- Alle Gruppenräume haben Funktionsecken, in denen sich die Kinder unter Anleitung der Erzieherin, aber auch, und das ist besonders wichtig, allein oder in kleinen Gruppen betätigen können.

- Das Material ist grundsätzlich in offenen Regalen untergebracht. Dadurch ist es für die Kinder sichtbar und erreichbar und hat einen anregenden Charakter.

- Die Möblierung ist nicht aus „einem Guß": Industrieregale, Tische und Stühle in unterschiedlichen Höhen, bequeme Sessel für die Erwachsenen, Sofas, Raumteiler, Staffeleien, Podeste usw.
„Omas Möbel geben Auskunft über eine vergangene Zeit!"

- „Die Wände sprechen!"
An ihnen sind Produkte der Kinder und Dokumentationen ausgestellt. Die geben einerseits den Eltern Einblick in die Tätigkeiten ihrer Kinder. Andererseits können die Kinder vergleichen zwischen dem, was sie früher konnten, und dem, was sie jetzt können.
Gisela Hermann, Kita-Beraterin in Berlin-Kreuzberg

Montessoripädagogik
Die vorbereitete Umgebung

„Die Rolle der Erwachsenen in einer Montessori-Umgebung besteht aus zwei Paradoxien: Sie lehren, ohne zu unterrichten; sie sind allgegenwärtig, treten jedoch bescheiden in den Hintergrund.
Im herkömmlichen Sinn „lehren" sie gar nicht, sie ermöglichen es vielmehr den Kindern, zu lernen. Sie bereiten eine Umgebung vor, die dann nicht mehr ihnen,

sondern den Kindern gehört; sie werden einfach nur ein weiteres Element innerhalb dieser Umgebung – ein wesentliches, aber eher ein instrumentelles denn ein zentrales."
(R. Montessori, S. 37)

„Eine auf die Entwicklungsgegebenheiten der Kinder zugeschnittene „vorbereitete Umgebung" mit der differenzierten Substanz des Montessorimaterials (Übungen des praktischen Lebens, Sinnesmaterial, mathematisches Material u.a.) als Zentrum hat die notwendigen äußeren Voraussetzungen für einen Aktivitätsraum der Kinder zu schaffen. Das traditionelle Materialangebot ist im Laufe der Zeit durch Material zum künstlerischen Gestalten (Farben, Plastilin u.a.) durch Baumaterial, Bilderbücher und andere Anregungen zum freien Spiel (Puppen, Tiere) ergänzt worden. Großen Wert legen Montessorieinrichtungen auf eine ausreichende, kindgemäße Bewegungsfläche außerhalb des Hauses.

Die Charakteristika des Kinderhausraums sind Ordnung, Überschaubarkeit und Licht, um den Kindern die Orientierung und das Einfinden zu erleichtern. Dem Bewegungsbedürfnis dieses Alters wird besonders Rechnung getragen. So muß neben dem Sitzraum genügend freie Bodenfläche vorhanden sein, damit die Kinder ihre Teppiche zum Agieren im Liegen ausbreiten können. Herausgehoben sind die Regale mit dem Material und die Kochecke mit Spüle und Geschirrschränken. Ein Tier, dessen Pflege zu den Übungen des praktischen Lebens zählt, gehört zum Inventar des Kinderhauses."
Theorie und Praxis der Sozialpädagogik Heft 5/85, Thema: Konzeptionen

Der evangelische Kindergarten

Es gibt ihn nicht, d e n evangelischen Kindergarten. Einzelne Kirchengemeinden können aus ganz unterschiedlichen Motiven einen Kindergarten betreiben. So sind manche Kirchengemeinden Träger eines Kindergartens aus langer Tradition, weil sie sich den Kindern und ihren Familien verpflichtet fühlen. Für andere ist die Triebfeder ihres Engagements der Wunsch nach Überlieferung biblischer Inhalte und die religiöse Erziehung. Es gibt Kirchengemeinden, die mit ihrer Kindergartenarbeit beispielhaft die Parteinahme für die Schwachen und Benachteiligten dokumentieren. Eine andere Gemeinde sieht den Schwerpunkt ihrer Kindergartenarbeit in der Beteiligung am pluralistischen Bildungsangebot.

Diese unterschiedlichen Motive haben entsprechend unterschiedliche Konzeptionen der Arbeit zur Folge. Das zeigt sich unter anderem in der Aufnahmepraxis, in Formen der Elternmitwirkung und im Stellenwert christlicher Überlieferung und religionspädagogischer Fragestellungen.

Grundlage aller Konzeptionen ist jedoch ein christliches Menschenbild, das sich orientiert am Evangelium und seiner befreienden Kraft. Die Schöpfung achten und bewahren und das Kind als ein Teil der Schöpfung in seiner Einzigartigkeit annehmen, das sind wichtige Ziele evangelischer Kindergartenarbeit. Jedes Kind hat die Chance, seine Fähigkeiten zu entwickeln, seine Eigenarten zu zeigen und seinen eigenen Entwicklungsweg zu gehen. Diese konzeptionellen Gedanken spiegeln sich in der Gestaltung der Räume wider. Aber was kann an Räumen evangelisch sein?

„Nicht in der Architektur, der Inneneinrichtung des Kindergartens kann sich evangelische Eigenart ausdrücken, wohl aber in einer Atmosphäre der Einfachheit, Natürlichkeit, eines kulturellen Anspruchs, der zur Verantwortungsfreude beiträgt, Begeisterung auszulösen vermag, liebevollen Umgang mit Kindern ermöglicht. Räume und Gärten können solche Atmosphäre begünstigen, ihre Mißgestalt, sie vereiteln, ..." Der Schönheit und Harmonie in den Dingen sollte die Aufmerksamkeit gelten: „der Blume, die im Garten blüht, einem Spielzeug, einem Raum der genau zu den Dingen paßt, die er umschließt, für die er gemacht ist. Was im Kindergarten zu sehen, mit den Händen zu fassen, mit der Seele zu erfassen ist, was sich so in den Kindern entwickelt, müßte etwas von dieser Schönheit haben." (vgl. Mahlke, S. 5)

Wir zitieren häufiger Wolfgang Mahlke. Er ist Professor im Bereich Kunst- und Sonderpädagogik an der Universität Würzburg und hat sich intensiv mit der Gestaltung von Räumen in Kindergärten beschäftigt.
(Weiteres zu der Konzeption eines evangelischen Kindergartens siehe S. 90ff.)

Waldorf-Pädagogik

*   Die Räume und ihre Farbgebung wirken freundlich, harmonisch, in sich geschlossen und anregend zugleich.
*   Einfache Naturmaterialien sind Spielzeug, das variabel und vielseitig zu verwenden ist und die Phantasie und die Selbsttätigkeit der Kinder anregt.
*   Große Bretter, Tücher, Raumteiler ermöglichen großflächiges, raumgreifendes Spiel – eher als Lego, Duplo, Puzzle usw.
*   Das Nachvollziehen von Arbeits- und Produktionsprozessen (Brot backen, Tonschalen formen, Tücher färben...) ermöglicht den Kindern ganzheitliches Lernen.

„Ganz bewußt wird von uns die Intelligenz nicht systematisch gefördert, sondern die Phantasie des Kindes. Sie ist für die kindliche Entwicklung lebensnotwendig.

In der Sphäre der Phantasie bleibt die noch leicht träumerische Lebenshaltung des Kindes bewahrt. Demgegenüber zieht eine zu frühe intellektuelle Förderung das Kind vorzeitig aus seinen gesunden Träumen in ein zu waches Verstandeselement. Das Kind wird, würde ich sagen, frühalt und frühklug. Durch die übertriebene kognitive Beanspruchung – ich denke dabei zuerst an Vorschulprogramm und

Vorschulmappen – wird die Eigenaktivität des Kindes verdrängt. Das Kind wird zu sehr von außen her gesteuert.

Die Gestaltung eines Raumes wirkt auf die Kinder beruhigend oder unruhig. Man sollte den Raum als indirekten Erziehungsfaktor nicht unterschätzen. Er kann das künstlerische Qualitätsempfinden des Kindes fördern. So finden Sie zurückhaltende Farben an Wänden und Stoffen. Sie ermöglichen dem Auge des Kindes ein ruhiges Verweilen und Aufnehmen von wirklicher Farbqualität. Die Seele des Kindes soll nicht durch grelle und knallige Farben beunruhigt werden. Deshalb finden Sie auch kein Mobile, das fortwährend in Bewegung ist. Und kein Bild – mit Ausnahme der Sixtinischen Madonna. Ebenso keine Zeichnungen der Kinder und nur wenige Bilderbücher. Vorgegebene Bilder verengen und verstellen nur die innere Bilderwelt des Kindes. Sie schmälern wesentlich die Kraft der eigenen Phantasie."

Auszüge aus einem Gespräch von Manfred Berger mit der Waldorf-Kindergärtnerin Hertha K. (Spielen und Lernen 5/89, S. 20-22)

Die Quadratur des Kreises

Womit wir es hier zu tun haben:

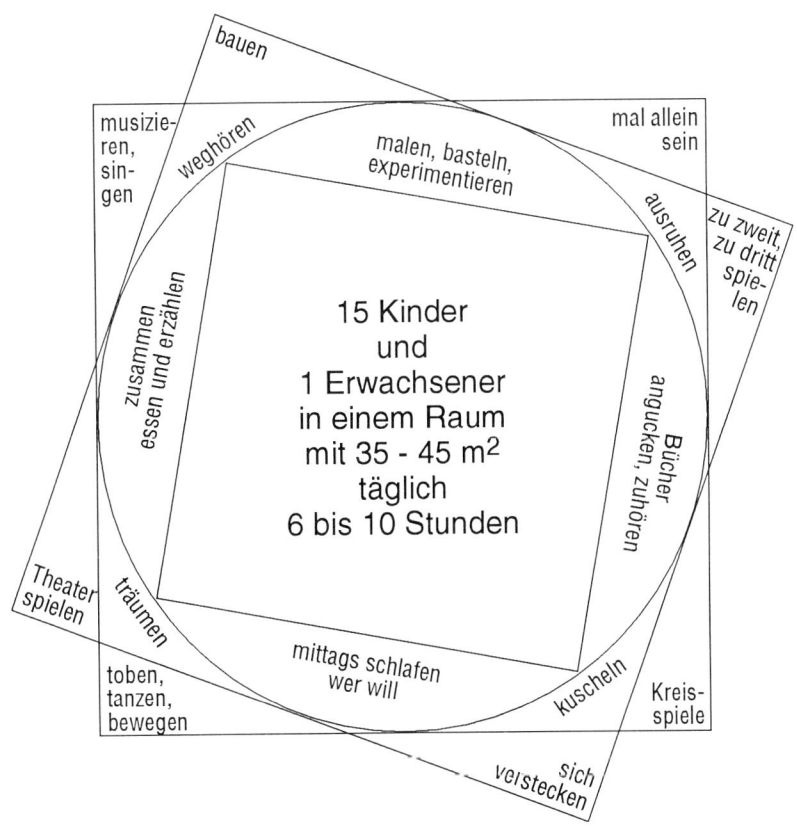

bauen

musizie-
ren,
sin-
gen

weghören

malen, basteln,
experimentieren

mal allein
sein

ausruhen

zu zweit,
zu dritt
spie-
len

zusammen
essen und erzählen

Bücher
angucken, zuhören

**15 Kinder
und
1 Erwachsener
in einem Raum
mit 35 - 45 m^2
täglich
6 bis 10 Stunden**

Theater
spielen

träumen

toben,
tanzen,
bewegen

mittags schlafen
wer will

kuscheln

Kreis-
spiele

sich
verstecken

**Das Unmögliche möglich machen
oder
die Quadratur des Kreises?**

Warum haben Erwachsene noch nicht an sich selbst untersucht, wie sich eine solche Raumsituation auf sie und ihr Verhalten auswirken würde? Phantasiereise in ein Experiment: ‚Stellt Euch vor, Ihr seid mit 14 anderen etwa gleichaltrigen Erwachsenen und einem Kind ca. acht Stunden täglich in einem Raum... Ihr sollt euch dort wohlfühlen, frei entfalten und etwas für das Leben lernen.‘

Kita als Lebensraum für Kinder, Erzieherinnen und Eltern

Viele Erzieherinnen erleben täglich leidvoll die Situation, mit einer großen Kindergruppe in einem engen Raum viele Stunden verbringen zu müssen. Sie haben dieses und jenes versucht: den Raumteiler einmal in diese Ecke, einmal in jene zu stellen.

Mal werden Funktionsecken abgeteilt, mal die Tische an die Wände gestellt, um einen freien Innenbereich zu bekommen, mal alle Tische zusammen zu einer großen Tafel, mal einzelne Tische im Raum verteilt, usw., usw.

Und dennoch bleibt die Erfahrung, daß Kinder in zu kleinen Räumen aggressiv werden, sich gegenseitig stören und ärgern und sich nur am Tisch mit entsprechenden Spielen und Puzzles „beschäftigen lassen". Unbefriedigend für Kinder und Erzieherin.

Was Kinder wollen und brauchen

- Kinder wollen hören.
  Sie wollen die Geräusche der natürlichen Umwelt wahrnehmen, aber auch selber Geräusche machen. Sie wollen Musik hören und selber Musik machen. Schreien, flüstern, Krach machen... und irgendwann einmal zur Ruhe kommen.

- Kinder wollen sehen.
  Farben und Formen in einer abwechslungsreichen Umgebung lehren das Auge zu vergleichen und große und kleine Unterschiede wahrzunehmen.
  Das Auge will aber auch Halt finden und sich nicht verlieren im beliebigen Sammelsurium.

- Kinder wollen fühlen.
  Warm, lauwarm, feucht, kalt, kühl... streicheln und zwicken... Nähe und Ferne. Gefühle.
  Unterschiedliche Materialqualitäten, weich und hart, rauh und glatt geben den Fingern zu tun und rufen Gefühle hervor.

- Kinder wollen sich bewegen.
  Sie wollen klettern, laufen, steigen, strampeln.
  Es ist ein wunderbares Gefühl, von anderen Ebenen herunterzugucken, zu springen, zu rutschen und Purzelbäume zu schlagen.

- Von Zeit zu Zeit wollen sie aber auch zur Ruhe kommen, sich zurückziehen und damit dem Auge der Erzieherin entziehen.

- Kinder wollen experimentieren und ausprobieren, viel dürfen, wenig müssen, selbständig etwas machen, sich selbst darstellen, in andere Rollen schlüpfen, träumen, spinnen und verrückt spielen.

Besonders die großstädtische Umwelt ist eine Welt der fertigen Dinge. Ihre Entstehung findet quasi hinter unserem Rücken statt. Denn wer erlebt in den kleinen und großen Städten wie das Korn riecht? Welches Kind hat bei uns schon einmal die Hitze eines großen Feuers erlebt und gespürt, wie sich die Haare sträuben, der Rauch riecht und die Lippen trocken werden? Wo gibt es noch Schmiede, die rotglühendes Eisen schmieden? Wie riechen Pferde, wie fühlen sich Fell oder Borsten an?

Manche dieser Erfahrungen können Kinder noch auf dem Lande machen. Aber auch hier ist der Vormarsch der Supermärkte und Mikrowellen nicht mehr aufzuhalten. Das Brot wird verpackt und die Milch in Tüten gekauft. Fische sind tiefgefroren und haben weder Schuppen noch Gräten. Welches Kind kennt noch den Geruch, wenn ein Huhn gerupft und die Federkiele über der Gasflamme abgebrannt werden? Und auch in der Landwirtschaft, wo Kinder die Erzeugung der Nahrungsmittel „hautnah" erleben könnten, hat die industrielle Agrarproduktion Einzug gehalten. Große Produktionsgenossenschaften sind an die Stelle kleiner Bauernhöfe getreten. Und auf den Feldern werden in großem Maßstab die Dinge angebaut, die ökonomisch sinnvoll sind.

Erfahrungen und sinnliche Eindrücke aus zweiter Hand, vom Hörensagen.

Die Erziehung in der Kindertagesstätte muß also mehr leisten als früher. Sie muß sich öffnen nach außen, sie muß die Orte aufsuchen, die noch sinnliche Erfahrungen und Eindrücke ermöglichen.

Auch für den Bau von Kindertagesstätten und die Gestaltung von Kindergartenräumen ist es wichtig, daß alle Sinne angeregt werden und sich die kindliche Persönlichkeit umfassend entwickeln kann.

Denn Wahrnehmen ist mehr als ein bloßes Reagieren auf Reize. Wahrnehmung ist ein aktiver Vorgang, in dem sich das Kind seine Umwelt mit allen Sinnen aneignet und sie sich sozusagen neu „erschafft". **Die Wahrnehmung bildet die Grundlage für alles Denken und Fühlen, für alle sprachliche und nichtsprachliche Ausdrucksfähigkeit, für das Be-greifen der Welt.**

Begreifen und verstehen, um zu handeln. Vorstellung und Phantasie entwickeln, um zu verändern.

„Das Auge und der Verstand des Kindes verlangen nach Hilfe, das Bleibende und den Wandel der Dinge aufzunehmen und dabei das Wesentliche der neuen Beziehung zu entdecken." (Loris Malaguzzi)

Und die Erzieherin – wer denkt an sie?

Kindertagesstätten sind Häuser für Kinder – aber auch für Erzieherinnen und Wirtschaftskräfte. Auch sie verbringen hier einen Großteil des Tages. Der Arbeitsort ist so auch – zumindest zeitlich gesehen – ein wichtiger Lebensort. Welchen Stellenwert die Arbeit im Leben der Erzieherin hat, läßt sich häufig auch an der Einrichtung und Gestaltung des Kindergartenraums ablesen. Ja, wenn sie könnte, wie sie wollte.

Bei der Einrichtung des Gruppenraumes denkt sie an die Kinder und ihre Bedürfnisse. Sie denkt daran, was nützlich, haltbar und pflegeleicht ist. Vielleicht denkt sie auch an die Vorschriften, was sie darf und was verboten ist.

Denkt sie auch an sich, an ihren Geschmack als Erwachsene, ihre Vorlieben, ihre Hobbies, ihre Lieblingsfarben und -materialien? Nicht, daß ein Kindergartenraum wie das private Wohnzimmer der jeweiligen Erzieherin aussehen sollte.

Es könnte sich aber lohnen, darüber nachzudenken, in welcher Atmosphäre sich auch die Erwachsenen im Kindergarten wohlfühlen. Und man wird feststellen, daß das auch Kindern gut tut, da sie grundsätzlich keine anderen Menschen sind als Erwachsene.

Was könnte es unter diesem Aspekt alles im Kindergarten geben?

- Augenweiden und Blickfänge. Eine Glaskugel, Steine und Muscheln aus dem letzten Urlaub, eine Pfauenfeder oder andere kleine Stilleben.

- Blaue, rote und grüne Flaschen, die zu schade sind zum Wegwerfen können ein Gestaltungselement vor großen und kleinen Fenstern (Waschraum) sein.

- Kinder und Erzieherin bringen abwechselnd ihre Lieblingsblume mit.

- Ein Bild oder ein Foto, das zu Hause an der Wand hängt, könnte auch einmal im Kindergartenraum bewundert werden.

- Tischdecken und schönes Geschirr bringen Eßkultur nicht nur in den privaten Haushalt.

- Ein kleines bequemes Sofa erfüllt das Bedürfnis von Kindern und Erwachsenen nach gemütlichem Beisammensein. Obendrein entsprechen sie dem legitimen Bedürfnis der Erzieherin, sich ab und zu bequem und körpergerecht in Erwachsenenhöhe aufzuhalten.

Auch Eltern brauchen Raum.

Eltern und Erzieherinnen sollten Partner bei der Erziehung der Kinder in der Kindertagesstätte sein. Sie sollten bei der Konzeptionsentwicklung mitwirken können und an ihrer organisatorischen Umsetzung in die Praxis beteiligt sein. Die Anwesenheit von Eltern sollte nicht nur in der Eingewöhnungsphase erwünscht sein.

Der Rolle der Eltern wird also mehr Rechnung getragen als noch vor Jahren in West und Ost. Damals war die Anwesenheit von Eltern in der Kita mehr oder weniger auf das Bringen und Abholen beschränkt.

Wir müssen heute nach Orten suchen, an denen Eltern miteinander oder Eltern mit der Erzieherin in Ruhe sprechen können. Für gemütliche Elternsitzecken eignen sich besonders Bereiche, in denen die Eltern sowieso beim Bringen und Abholen miteinander in Kontakt treten: das sind Flure, Eingangsbereiche, Garderoben, Wickelbereiche...

Ein kleiner Tisch, zwei oder drei Stühle oder Korbsessel am rechten Ort schaffen eine Situation, in der Eltern sich wohlfühlen. Informationen liegen bereit, das Info-Brett von Eltern für Eltern hängt in der Nähe.

Tür- und Angelgespräche zwischen Eltern und Erzieherinnen bedürfen nur der offenen Tür, genauer gesagt offener Augen und Ohren. Intensive Gespräche mit einzelnen Eltern brauchen jedoch einen Raum, in dem sich die Erwachsenen ohne Kinder miteinander unterhalten können. Das kann der Raum der Leiterin oder auch der Personalraum sein.

Wenn Eltern merken, daß sie wirklich willkommen sind und ihnen Raum gegeben wird in der Kindertagesstätte, dann wird dies eine wichtige Grundlage für Elternarbeit sein.

Raumstruktur, Pädagogik und Kommunikation

Architektur muß Lösungen finden für die Planung von Kitas als Lebensräume, wo Kinder sich entfalten und auch Erzieherinnen, Wirtschaftskräfte und Eltern sich wohlfühlen können. Die Anordnung und Aufteilung kann Kommunikation und Wohlbefinden fördern oder erschweren.

Als Anregung für verantwortliche Planer und Planerinnen von Kindertagesstätten übernehmen wir hier Auszüge aus einem Artikel von Kornelia Schneider ‚Raumstruktur, Pädagogik und Kommunikation(struktur)‘ der in der Broschüre ‚KINDER-GÄRTEN pädagogisch/architektonisch konzipieren und BAUEN‘ des Deutschen Vereins für öffentliche und private Fürsorge veröffentlicht wurde. Was hier für die Anordnung und Nutzung der Räume eines gesamten Hauses gilt, läßt sich auch übertragen auf die Gestaltung einzelner Gruppenräume und ist insofern auch für Erzieherinnen interessant.

Kornelia Schneider

Raumstruktur, Pädagogik und Kommunikation(struktur)

Die herkömmliche Anordnung von Räumen in Kindertagesstätten ist „systematisch von der Gruppe her konzipiert" (8, S. 50). Ein gruppenbezogenes Strukturmodell basiert auf der Vorstellung, daß sich das Leben in der Kindertagesstätte hauptsächlich in festen Gruppen mit zugeteilten Gruppenräumen (und Bezugspersonen) abspielt und daß nur zur Ergänzung ein paar Mehrzweck- oder Gemeinschaftsräume und besondere Spiel-Aktions-Räume notwendig sind:
KiTa als „Gruppen-Lebensraum" (anstelle von Kindertagesstätte als Lebensraum). Es gibt nur wenige Architektur-Entwürfe, die sich nicht an diesem Strukturprinzip orientieren. Meist wird nur innerhalb der Gruppenbereiche mehr differenziert als früher, und die zusätzlich nutzbaren Räume sind etwas großzügiger gestaltet.
In pädagogischen Fachkreisen wird in den letzten Jahren ein anderes Modell diskutiert, das von dem Grundgedanken der „Kindertagesstätte als Kommunikations- und Aktionsraum" ausgeht und die Aufhebung des vorherrschenden Organisationsprinzips der Großgruppe von 20-30 Kindern anvisiert. Hier gibt es drei Varianten:

1. Die Kleingruppen-Konzeption:

D.h. die Auflösung von Großgruppen-Räumen in „eine bunte Vielfalt unterschiedlicher Raumzonen mit einer Mischung von Offenheit und Rückzugsmöglichkeiten", die sich für Kleingruppenkonstellationen eignen. *„Vielleicht ist ein Ansatz sinnvoll, der zwar stabile Stammgruppen vorsieht, von denen aus die Kinder aber jederzeit mit anderen Erwachsenen oder Kindern in Beziehung treten können."* (8, S. 50) *Das Raumzonen-System für kontinuierliche Kleingruppen (Stammgruppen) sollte sich von einem Zentrum aus nach außen hin öffnen (8, S. 51), so daß sich die Kinder „im Prinzip in der ganzen Einrichtung frei bewegen können" (8, S. 45). Der Gruppenbereich einer Stammgruppe (von jeweils 10-15 Kindern) sollte den Charakter einer Gruppenwohnung haben, bei der das Wohnzimmer im Mittelpunkt liegt (8, S. 45).*

2. Die Großraum-Konzeption:

„Zentrum des pädagogischen Geschehens ist (– anstelle der sonst üblichen Gruppenräume – K.S.) der Großraum, von dem vielfältige Aktivzonen abzweigen" (1, S. 3 und S. 15), um die herum an der Peripherie Gruppen- und Ruheräume angeordnet sind, die insgesamt weniger Grundfläche haben als der (gegliederte) Großraum. Diese Konzeption geht davon aus, daß die Arbeit in der Kindertagesstätte nach dem Situationsansatz ein qualitativ besseres Raumangebot erfordert als 2,5 qm pro Kind, zusammengepfercht mit zwanzig anderen in einem Gruppenraum (S. 5): „Die Fähigkeit zur Bewältigung gegenwärtiger und zukünftiger Lebenssituationen ist nicht im engen Gruppenraum erlernbar" (S. 7). Die Kindertagesstätte als Lebensraum für Kinder sollte vielfältigen Begegnungs- und Bewegungsfreiraum, ein erweitertes Kommunikations- und Handlungsfeld und Anregungsreichtum für Erkundungen und Erlebnismöglichkeiten bieten (S. 5).

3. Die Konzeption der Auflösung von festen Gruppenzuordnungen:

Der vollständige Verzicht auf Gruppengliederung in kleinen Einrichtungen (für maximal 60 Kinder), einhergehend mit der Umfunktionierung von Gruppen- zu Aktions- und Funktionsräumen, soll ermöglichen, daß die Kinder durch die großzügige Raumausstattung, das verfügbare Material und den verfügbaren Raum einen größeren Aktionsradius, mehr Anregung, mehr Entscheidungsfreiheit, mehr Bewegungsraum, mehr Gelegenheit zu selbstgesteuerten zusammenhängenden Aktivitäten bekommen.

Alle drei Varianten dienen dem gleichen Ziel: den Kindern mehr Anreiz für phantasievolles und kreatives Handeln, mehr Bewegungsfreiraum und Handlungsspielraum, auch einfach mehr Platz für ungestörte eigenständige und selbstbestimmte Aktivitäten und Beziehungen entsprechend ihren Fähigkeiten, Bedürfnissen und Interessen zu ermöglichen – ohne sich gegenseitig wegen räumlicher Beengtheit zwangsläufig in die Quere zu kommen und ohne immer wieder durch Organisationsmomente im Tagesablauf einer Gruppe aus ihren Aktivitäten herausgerissen zu werden.

Allen drei Konzeptionen gemeinsam ist dabei die Erkenntnis, daß die Raumstrukturen, die sich am herkömmlichen Gruppenkonzept (20-30 Kinder pro Gruppe) orientieren, dafür nicht geeignet sind. Eine Kleingruppe sollte höchstens 16 Kinder haben. Nach Flade (6, I) sind mehr als 16 Kinder in der Gruppe nicht günstig, weil sich die Kinder in größeren Gruppen passiver verhalten. „Kinder aus kleineren Gruppen sind verbal aktiver, indem sie z.B. häufiger ihre Meinung äußern, sie steuern mehr neue Ideen bei und zeigen größeres Interesse bei der Beschäftigung mit verschiedenen Aufgaben." Die Größe von Gruppen, zu der sich die Kinder spontan zusammenfinden, liegt selten über vier oder fünf Kinder. „Beide Ergebnisse – daß Kinder in Gruppen über 16 Kinder passiver werden und daß sie spontan Gruppengrößen zwischen zwei und fünf Kindern bevorzugen – sollten bei der baulichen Konzeption von Kindergärten berücksichtigt werden."

Unterschiedlich sind die zugrundeliegenden Vorstellungen über die Bedeutung von Gruppenleben und Zugehörigkeit der Kinder und über die Bedeutung von Kommunikationsstrukturen und von Orientierungsmustern der Kinder.

Die Architektur hat einen entscheidenden Anteil daran, welche pädagogische Konzeption verwirklicht werden kann, denn die Raumanordnung kann sowohl unterstützende wie behindernde Auswirkungen haben.

Beispiel (9, S. 103)

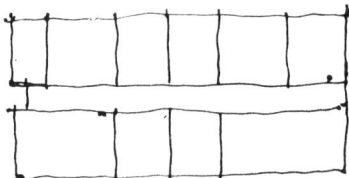

Dem starren, autoritären Raumsystem entspricht ein autoritärer Erziehungsstil. Der Gang als Achse von außen nach innen geplant

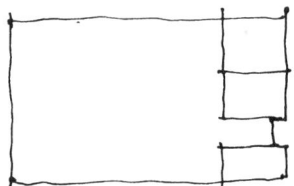

Dem undifferenzierten Raumsystem entspricht der Laissez-faire-Stil. Ungestalteter Großraum, Aufenthalt verwirrend, von außen nach innen geplant

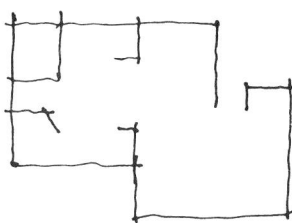

Gegliederten Erfahrungsräumen entspricht der sozial-integrative Erziehungsstil. Orientierung wird ermöglicht. Klein- und Großräumigkeit. Von innen nach außen geplant.

Beim Neubau (oder Umbau) von Kindertagesstätten kommt es also darauf an, sich mit den pädagogischen Konzepten auseinanderzusetzen, um nicht im Vorhinein bestimmte Möglichkeiten zu „verbauen".

Ein einfaches Rezept gibt es nicht. Es geht aber jeweils um die Balance im Verhältnis zwischen

- Offenheit	und Geborgenheit
- Begegnung	und Rückzugsmöglichkeit
- öffentlichen Räumen	und privaten Räumen
- Gemeinschaft	und Individuum (oder Kleingruppe)
- Aktivitätszonen	und Wohnzimmeratmosphäre
- Gemeinschaftsaktivitäten	und intensiven ungestörten Kleingruppen- (oder Einzel-)Aktivitäten.

Literatur:
1) Arbeiterwohlfahrt Kreisverband Kiel (stu-be): Arbeiterwohlfahrt-Kindertagesstätten in Großraumkonzeptionen. Vervielf. Manuskript, Kiel 1991.
6) Flade, A.: Die räumlichen Bedingungen des Kindergartens (I) und (II). In: Handbuch der Elementarerziehung. 1.15 und 1.16, Ergänzungslieferung Oktober 1991.
8) Landesjugendamt Hessen (Hrsg.): Wie wird die Kindertagesstätte der Zukunft aussehen? Tagungsdokumentation, Wiesbaden 1984.
9) Mahlke, W., Schwarte, N.: Raum für Kinder. Ein Arbeitsbuch zur Raumgestaltung in Kindergärten, Weinheim/Basel 1989.

Was eine Kita zum lebendigen Ort macht

„Der Kindergarten muß einfach ein Ort sein, wo die Achtung und Anerkennung auf das Kind überfließen.
Das Kind muß die von uns wieder zu entdeckende Fähigkeit zum Staunen spüren; es muß unsere Verblüffung erleben können.
Es geht also darum, daß wir die Fähigkeit, sich wundern zu können, wiedererlangen und wir die damit verbundenen Gefühle genießen können."

(L. Malaguzzi 1992, S. 30)

Kinder haben Meinungen über Räume, die sie in aller Regel nicht aussprechen, wohl aber ausleben.

Sich begegnen

Im Kindergarten begegnen sich täglich viele Kinder – sie spielen, streiten, toben, singen und essen miteinander. Sie treffen außerdem auf viele Erwachsene – Erzieherinnen, Wirtschaftskräfte, Eltern. Trotz so viel täglicher Begegnung ist es notwendig, Situationen zu schaffen, in denen sich das Kind selbst, das einzelne Kind mit seiner Erzieherin, die Kinder mit ihrer Erzieherin und dem Wirtschaftspersonal, die Erzieherinnen untereinander und die Eltern sich mit Muße begegnen können:

Das Kind begegnet sich selbst

Es begegnet sich optisch im Spiegel, wie es sich zeigt: grinsend, ernst, geschminkt, weinend, grimassierend. Manchmal reicht schon ein Stück Spiegelfolie an der Fußleiste oder an der Türklinke, um Körperteile ausschnitthaft darin wahrzunehmen. Selbst kleine Kinder werden angeregt, wenn über oder neben dem Wickeltisch ein Spiegel hängt.

Erzieherin und Kind

Bei 15 bis 20 Kindern in einer Gruppe passiert es leicht, daß die Begegnung der Erzieherin mit einem einzelnen Kind zur Rarität wird. In der Pädagogik war es früher weit verbreitet, die Kinder überwiegend als Gruppe wahrzunehmen. Der Blick für das einzelne Kind wurde zu wenig geschult. Es ist nicht einfach, im turbulenten Kita-Alltag ruhige Situationen für die Erzieherin und ein Kind herzustellen. Darum sollten die „Eins-zu-Eins"-Begegnungen, die mehrmals am Tage naturgegeben vorhanden sind, optimal genutzt werden. So muß der Wickelbereich nicht klinisch wirken. Er lädt zum Verweilen und Sich-Zuwenden ein, wenn er anregungsreich gestaltet ist und Geborgenheit ausstrahlt. Gemütliche Sitzgelegenheiten im Gruppen- oder Mehrzweckraum fördern das sich intensive Zuwenden zu einem Kind. Auch ein Hortkind möchte manchmal mit seiner Erzieherin allein sein, um das, was es bewegt, mit ihr zu bereden.

Der Schularbeitsraum kann als Bibliothek mit kleinen Sitzgruppen eingerichtet werden. Ein Lager aus Matratzen und Kissen reizt zum Lümmeln, Ausruhen und zum Reden mit den besten Freunden.

Die Gruppe

Neben der alltäglichen Begegnung ist ein intensives Zusammensein von Kindern und ihrer Erzieherin sehr wichtig. Der Gruppenraum braucht Untergliederungen, damit sich Kleingruppen bilden und die Erzieherin sich einzelnen Kindern zuwenden kann. Darüber hinaus sollte der Gruppenraum es ermöglichen, daß sich die Kinder als Gruppe mit ihrer Erzieherin treffen. Im morgendlichen Kreis können neben Spielen, Liedern, Tänzen und Geschichten auch Gespräche geführt werden: über den bevorstehenden Tag, über das, was ein Kind (oder die Erzieherin) bewegt, warum bestimmte Kinder heute fehlen etc. Vorsicht und Einfühlungsvermögen sind jedoch geboten. Kinder und Erzieherinnen sind strapaziert (gelangweilt, zappelig, albern, laut), wenn diese Veranstaltung zum Muß und Zwang ausartet. Begegnen sich Kinder und Erzieherinnen aber aus echtem Interesse und Spaß, so werden Verbindlichkeit, Für-Sorge, Orientierung und die Gemeinschaft gefördert.

Die Eltern

Wie bereits erwähnt, ist für viele Eltern die Kita ein wichtiger Ort der Begegnung: hier treffen sie andere Eltern, mit denen sie sich unterhalten und Erfahrungen und Meinungen austauschen können. Dieses können Erzieherinnen durch räumliche Gestaltung fördern.

Küchen- und Reinigungspersonal

Die Begegnung mit dem Küchen- und Reinigungspersonal ist für Kinder besonders reizvoll, können sie doch bei ihnen „echte" Arbeit miterleben. Wenn sie ihnen dann noch helfen dürfen, ist das für die meisten Kinder etwas Besonderes. Eine Fußbank zum „Größerwerden" erleichtert dem Kind das Mitmachen in der Küche.

Die Kolleginnen untereinander

Und nicht zuletzt brauchen die Erzieherinnen und Wirtschaftskräfte selbst einen Raum für ihre Begegnung: für Gespräche, für Diskussionen oder zum Sich-zurück-ziehen. Neben dem Personalraum bietet sich die Teeküche dazu an, wenn sie mit einer gemütlichen Sitzecke ausgestattet ist.

Sich bewegen

Kinder in Bewegung

Wo immer sich Kindern Gelegenheit bietet, sind sie in Bewegung: schon Säuglinge erschließen sich ihre Welt durch Bewegung. Freude und Wohlbefinden drücken sie durch Strampeln mit den Armen und Beinen aus. Sie eignen sich die Welt an, indem sie sich krabbelnd und dann laufend auf sie zu bewegen, sie begreifen, befühlen und aus verschiedenen Blickwinkeln wahrnehmen. Purzelbäume schlagen, die Stufen herunterspringen, auf dem Straßenpflaster hüpfen, auf Mauervorsprüngen balancieren, schaukeln und sich drehen, bis sich die Welt vor den eigene Augen im Kreis dreht – Kinder befriedigen ihre Lust und ihren Spaß an Bewegung immer und überall. Das ist gut so und muß auch so sein. Denn:

Entwicklung braucht Bewegung

Selbstvertrauen und Selbstsicherheit stehen in engem Zusammenhang mit der Bewegungssicherheit eines Kindes. Wer sicher und beweglich bei gemeinsamen Spielen ist, hat es in sozialen Beziehungen leichter als ein Kind, das übervorsichtig und motorisch ungeschickt ist. Das ungeschickte Kind wird eher von gemeinsamen Spielvorhaben ausgeschlossen, die Isolation kann Unsicherheit bewirken, es traut sich noch weniger zu, die mangelnde Übung macht es ungeschickter und leistungsschwächer.

Untersuchungen der Unfallversicherungen haben ergeben, daß von 1.000 Kindern 120 Unfälle hatten, die behandlungsbedürftig waren. Zusammenhänge mit motorischen Defiziten konnten nachgewiesen werden. 30 bis 40 Prozent der Kinder zeigten motorische Auffälligkeiten.

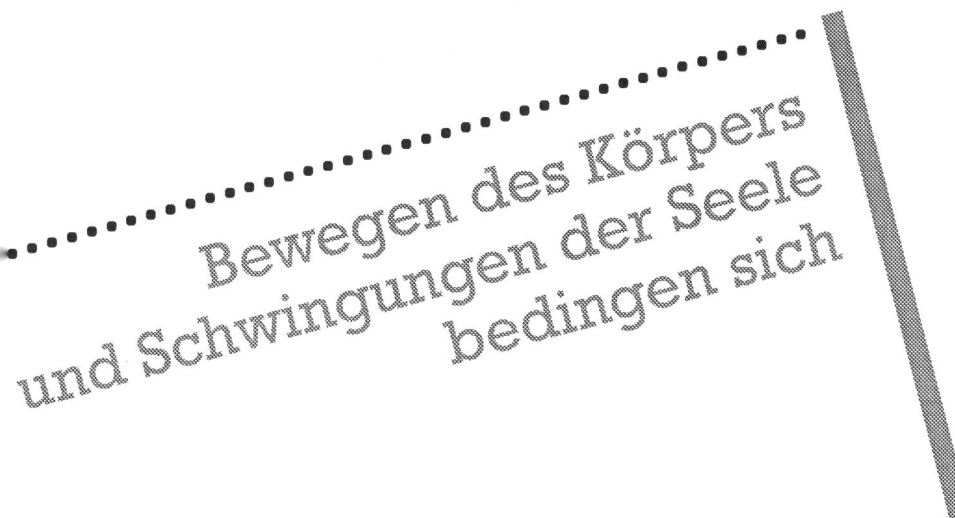

Bewegen des Körpers und Schwingungen der Seele bedingen sich

Ein enger Zusammenhang besteht auch zwischen Intelligenz und Selbständigkeit eines Kindes und seiner Bewegungsentwicklung. Das konnte eine empirische Untersuchung an 300 Kindergartenkindern feststellen (vgl. Zimmer, 1981). Mit diesen Ergebnissen sollten sich Erzieherinnen und auch Eltern auseinandersetzen. Dann bleibt Bewegungserziehung nicht bloße „Kür", sondern wird zur „Pflicht" in der pädagogischen Konzeption einer Kita.

Bewegter Kindergarten

Früher hatten Kinder größere Freiräume. Zwar waren die Wohnungen auch meist eng und hellhörig, dafür gab es aber draußen einen Ausgleich. Straßen, Höfe, Baulücken, Gärten und Felder konnten für Kinder relativ ungefährliche Spielorte sein. Heute sind die Kindertagesstätten der Ort, an dem viele Kinder den größten Teil ihres Tages verbringen. Auch in die Kita kommt Bewegung, wenn Kinder ihren Spaß und ihre Lust an Bewegung nicht unterdrücken müssen, sondern ausleben dürfen.

Am besten spielen Kinder draußen im Freigelände der Kita. Neben den festinstallierten Geräten brauchen sie: Bretter, Kisten, Autoreifen, Stelzen, Pedalos, Seile. Außerdem muß ihnen die Zeit zum freien Spiel eingeräumt werden, um mit den

Materialien auch intensiv spielen zu können. So eine „Bewegungsbaustelle" (vgl. K. Miedzinski 1993) erfreut nicht immer die Augen und den Ordnungssinn der Erwachsenen, aber auf ihr sind die Kinder mit Leib und Seele bei der Sache.

Nicht nur im Sommer und bei eindeutig gutem Wetter sollten Kinder draußen spielen, auch wenn es für die Erzieherinnen manchmal eine Mehrbelastung und Unannehmlichkeit bedeutet: Oft müssen sie Kindern beim Anziehen der Gummistiefel und Regenkleidung helfen, und sie selbst stehen draußen und frösteln, wenn sie sich nicht auch bewegen.

Bei Dauerregen bieten aber auch Gruppenräume Gelegenheit zu bewegtem Spiel. Der Gruppenraum ist wandelbar.
• Tische und Stühle können bewußt zu Hindernis- und Geschicklichkeitsspielen eingesetzt werden.
• Luftballons, Tücher und selbst Zeitungspapier fordern zu phantasievollen Bewegungsspielen heraus. Unter schwebendem Zeitungspapier kann man herlaufen, in gefalteter Form wird Papier zum Flieger, zusammengeknüllt verwandelt es sich in einen Ball, mit nackten Füßen läßt es sich ganz klein zusammenfalten...
• Hängematten, Seile, Strickleitern und Sprossenwände lassen sich in feste Decken montieren bzw. an Querbalken befestigen.

Das hat Auswirkungen auf die Räume und ihre Gestaltung. Am geeignetsten ist ein gesonderter Bewegungsraum. Dort ist Platz für Bewegungsspiele, selbst erdachte Spiele der Kinder mit phantasieanregenden Materialien, die dort lagern: Kartons, Wellpappe, Decken, Seile, Matten, kleine Podeste. In großen Pappkartons kann der Atlantik überquert werden, ein kleiner Balancierbalken hilft, über den tosenden Wasserfall zu gelangen, viele im Raum verteilte Teppichfliesen werden zu Grasbüscheln im Sumpf, die mir den Weg weisen.

Die Zimmerdecke sollte so konstruiert sein, daß Ringe und Taue herabzulassen sind zum Schaukeln, Hangeln, Klettern und zum Befestigen eines Schwungtuchs.
Es geht hier weniger um eine „Turnstunde" mit Sportübungen und Wettkampf, sondern eher um freies bewegtes Spiel, das der Phantasie folgt.
Bewegungsförderung läßt Kindern Raum und Zeit, ihre eigenen Erfahrungen einzubringen, neue zu sammeln und Fähigkeiten zu verbessern.
Bewegungsanlässe gibt es immer und überall, wir müssen sie nur sehen und nutzen.

Zur Ruhe kommen

In einem Haus für viele Kinder geht es lebendig und lebhaft, auch laut und hektisch zu. Je größer das Haus und die Anzahl der Kinder, je länger ihre Anwesenheitszeit dort und der Arbeitstag der Erwachsenen ist, um so wichtiger ist es, daß auch ab und zu Ruhe einkehrt. Dabei ist hier nicht Ruhe gemeint, die durch Ermahnungen und strafende Blicke erreicht wird, sondern eher Ruhe, die von innen kommt, die nach innen führt, Ruhe zum Kraftschöpfen und Verarbeiten von Eindrücken, Ruhe, die mit Besinnung zu tun hat, mit Bei-sich-sein... Ruhe, die allein oder in der Gemeinschaft erlebt wird.

Zeiten der Ruhe

Wenn ich morgens ganz früh in den Kindergarten komme und noch müde bin, dann brauche ich einen ruhigen Platz in einer Ecke, wo ich langsam ankommen und vielleicht ein Bilderbuch angucken kann...
Manchmal beginnen wir den Tag alle gemeinsam, dann singen wir ein Lied, hören eine Geschichte, sitzen und erzählen zusammen...
Wenn wir dann alle spielen, ist es mir manchmal zu laut; ich geh dann lieber mit zwei Freunden auf das Spielpodest, dort sind wir ganz für uns...
Beim Mittagessen sitzen wir öfter noch länger zusammen und erzählen was – da sollten die Erwachsenen nicht so mit den Schüsseln rumklappern, hin- und herlaufen, den Tisch abwischen...
Manchmal will ich mit meiner Erzieherin ganz allein was besprechen, wir setzen uns dann in das Zimmer für die Erwachsenen...
Wenn wir uns zum Ausruhen hinlegen, schaue ich mir gern unsere Decke an mit Wolken und Sternen, die dort schweben. Beim Geschichten vorlesen schlafe ich meistens bald ein oder ich träum' noch ein bißchen weiter...
Im Winter, wenn es früh dunkel wird, setzen wir uns nachmittags gemütlich zusammen und schauen Bücher an. Dazu setzen wir uns auf die Polster in der Leseecke...

Das Bedürfnis nach Ruhe ist in der Kindertagesstätte vielfältig vorhanden. Wie kommt es aber, daß es Kindern, vielleicht auch Erwachsenen, häufig schwerfällt, ihren ruhigen Punkt zu finden?

Wenn Zärtlichkeit
nur in der Kuschelecke zu finden ist,
weicht der Kindergarten aus:
einer wesentlichen Aufgabe aus:
Geborgenheit zu bieten.
(Mahlke, S. 12)

Was schafft Unruhe?

- Es sind oft große, ungegliederte Räume, in denen Orientierung fehlt und Geborgenheit schwer zu finden ist.
- Helles Licht, das gleichförmig von der Decke strahlt, wirkt auch unruhig; Lichtinseln und dunklere Ecken sind günstiger.
- Manche Wand- und Deckengestaltung ist gut gemeint, bunt und voll ist es, wenn Produkte der Kinder ausgestellt werden. Oft erschlägt die Fülle aber, macht unruhig.
- Auch gemusterte Kindertapeten und die vermeintlichen Kinderfarben Rot, Blau, Gelb, Grün an den Möbeln und Vorhängen wirken so.
- Manche Gruppenräume sind einfach zu eng. Dort stören Kinder sich gegenseitig im Spiel, ohne das zu beabsichtigen. Konflikte sind die Folge.
- Auch ungeeignete Baumaterialien können Unruhe schaffen: harte, glatte Wände und Böden aus Beton, Mauerwerk und Kunststoff schlucken keinen Schall. Holzverkleidungen und Dämmplatten als Pinnwände, Stoffe und Polster wirken schalldämmend.

Wir müssen mit den vorhandenen Häusern und Mitteln leben. Was läßt sich mit einfachen Mitteln verändern, um eine ruhige und geborgene Atmosphäre zu schaffen?

Oasen der Ruhe

Die richtige Auswahl von Farben und Beleuchtung, Materialien für Wände und Fußböden spielt hierbei eine wichtige Rolle. Dazu verweisen wir auf den entsprechenden Abschnitt.

Eine Aufteilung der Gruppenräume mit halbhohen Regalen oder Schränken, mit Raumteilern und Podesten ist sinnvoll. Wir schaffen viele, kleine Räume, Höhlen und Nester auf der unteren Ebene und Hochsitze mit Blick aufs Geschehen aus sicherer Distanz auf Podesten.

Von der Montessoripädagogik kennen wir die aufgerollten Teppichstücke, ca. 50 x 80 cm, die von einzelnen Kindern benutzt, den Platz kennzeichnen, wo sie sich ungestört allein mit einer Sache beschäftigen können.

Sitzpolster und eine Wandtasche aus Stoff genäht für Bücher ergeben eine gemütliche Leseecke. Kissen werden von den Kindern mitgebracht, mit selbstgefärbtem Stoff bezogen, nicht grellbunt, sondern in ruhigen Pastelltönen. Möglich sind aber auch klare, kräftige Farben, die zusammenpassen oder eine Farbe in verschiedenen Schattierungen. Bücher können natürlich auch auf Regalbrettern oder in Körben aufbewahrt werden. Wo Platz ist – etwa in einem weiten Flur oder einer Eingangshalle –, kann man sich auf ein Lesefloß setzen mit einer Schatzkiste voll Büchern und ‚Palmen' im Hintergrund.

Wenn die Gruppenräume eng sind, können auch Nebenräume umfunktioniert werden. Auf diese Weise sind schon Besenkammern und Wagenräume, Isolierzimmer und Flure umgebaut und mit neuem Leben erfüllt worden.

Eine Hängematte, in der ein bis drei Kinder sich leise schaukelnd wiegen, läßt sie zur Ruhe und Entspannung kommen. Wenn sie nicht benutzt wird, kann sie leicht beiseite gehängt werden.

Wer wenig Platz hat, zaubert sich andere flexible Ruheinseln: mit einem von der Decke hängenden Moskitonetz vielleicht oder einem „fliegenden Teppich", der immer dann ausgerollt wird, wenn zusammen ein Bilderbuch angeguckt wird. Eine Zauberdecke mit glitzernden Stoffapplikationen wird dann ausgebreitet, wenn eine Phantasiereise in ferne Welten unternommen wird, wenn Ruhe und Entspannung angesagt sind – ohne viele Worte. Ein Lichtermeer mit Schwimmkerzen in einer Wasserschüssel schafft eine ruhige Mitte im Raum, besonders im Winter, wenn es draußen lange dunkel ist.

Dazu eine Aromalampe, die beruhigende Düfte, wie Lavendel, Orange, Melisse oder Kamille verströmt. Und nicht nur beruhigend wirken richtig ausgewählte Duftstoffe, sondern auch reinigend und desinfizierend. Als Vorbeugung gegen Ansteckung in Grippezeiten zum Beispiel können Duftessenzen von Zitrone und Nelke, Thymian und Zirbelkiefer verwendet werden.

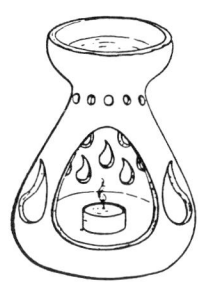

Sich auf weniges konzentrieren, aus der Fülle von Dingen etwas herausnehmen und betrachten – sei es nur e i n Bild aus einem Buch, e i n Fundstück vom Spaziergang, e i n Stein aus einer großen Sammlung – das ist ungewohnt. Die Reduktion der Wahrnehmung auf weniges schafft Differenzierungsmöglichkeiten. **Bewußt gewählte Einfachheit ist nicht ärmlich, sondern stellt einen Weg dar, aller Unruhe im Leben der Kinder und der Reizüberflutung durch Reklame und Massenmedien etwas entgegenzustellen.**

Schlaf- und Ruheräume:

Falls Gruppenräume einen Nebenraum haben, sollte dieser einer bestimmten Funktion entsprechend eingerichtet werden. Entweder als Werkstatt oder als Rückzugs- und Ruheraum, je nach der Situation und den jeweiligen Bedürfnissen. Ruheräume sollten aber nicht nur zum Schlafen benutzt werden und nur diese eine Funktion haben. Es ist verständlich, daß die Liegen oft stehen bleiben, weil es für die Erzieherinnen und Wirtschaftskräfte bequemer ist. Jedoch wird dadurch viel Platz zum Spielen verschenkt. Mit leichten Matratzen auf Teppichböden läßt sich eine Ruheraum vielfältig nutzen, für ruhige Tätigkeiten und zur Entspannung aber auch für Bewegungsspiele, denen sonst immer Möbel im Wege stehen (s. Farbseiten). Er läßt sich auch – wie alle Räume – verändern, je nach Phantasie in ein blaues Märchenschloß vielleicht oder in eine weiße Oase der Ruhe, in eine Traumwolke unterm Himmel...

Verändern

Prozeß und Produkt

Für viele Kinder ist das Leben fertig geplant, von anderen ausgedacht und organisiert. Kinder gehen in Kindertagesstätten nicht nur, weil sie mit anderen Kindern spielen und lernen sollen, sondern auch, weil ihre Eltern berufstätig sind. Und auch die Institution Kindertagesstätte kann den Kindern nur einen begrenzten Freiraum bei der Gestaltung des Tages, beim Entdecken und Experimentieren bieten. Da ist die personelle Situation, die Arbeitsorganisation, die räumliche Situation, die Aufsichtspflicht usw., usw. Viele Bedingungen, die verhindern, daß Kinder zu Akteuren und Hauptpersonen ihrer Tage im Kindergarten werden.

Aber was können wir tun, um Kindern entdeckende Lernprozesse und Veränderung zu ermöglichen? Wir können uns zunächst fragen, in welcher Beziehung wir zu den Kindern stehen? Sind wir die mehr wissenden Erwachsenen, die die Kinder belehren wollen und ihnen auf Fragen Antwort geben, die sie gar nicht gestellt haben? Oder sind wir Erwachsene, die die Bedürfnisse der Kinder aufgreifen, anregen und ermutigen, eigene Fragen zu stellen, zu experimentieren und Antworten zu entdecken. Wollen wir Kindern Raum lassen und durch Impulse neue Räume erschließen? Erfahrungen machen, lernen, sich entwickeln und verändern sind Prozesse, bei denen wir die Kinder begleiten können.

Die pädagogische Konzeption aus Reggio Emilia/Italien versucht diese Beziehung von Erzieherinnen und Kindern in ihren Kindergärten zu verwirklichen. Ihr Beispiel hat in den letzten zehn Jahren großen Einfluß auf die Kindertagesstätten bei uns gehabt. Häufig sind jedoch Prozeß und Produkt miteinander verwechselt worden.

In manchen Kitas hat sich kaum etwas an der Pädagogik verändert, auch wenn sie mit den typischen Spiel- und Raumgestaltungselementen aus Reggio ausgestattet sind: Spiegel, Flüstertelefon, Scheinwerferfolien vor den Fenstern, Kaleidoskope und Spiegelzelte. Mitte der 80er Jahre haben viele Erzieherinnen mit den Kindern diese Objekte selbst hergestellt. Inzwischen finden wir sie im Katalog der großen Spielwarenhersteller: stapelbare Taststraßen, Kaleidoskope, verwandelbare Drehbilder oder ein Streichelspiel für 154,- DM.

Erfahrungen muß man selber machen

Die Wahrnehmungs- und Spielobjekte aus Reggio sind aber nur die verdinglichten Prozesse und Beziehungen bei einem entdeckenden Lernprozeß von Kindern und Erzieherinnen. Die Dinge kann man kaufen, nicht jedoch das, was an entdecken der Neugier, an Erfahrung und an Lernprozeß hinter den Dingen steckt. Kein Kind wird ganzheitlich etwas erfahren über unterschiedliche Gefühle und sinnliche Eindrücke, wenn zehn Minuten die Taststraße ausgepackt wird. Es wird erst dann in seiner ganzen Persönlichkeit angesprochen sein, wenn die Erzieherin dem Kind sein natürliches Forschungs- und Ausdrucksbedürfnis ermöglicht. Wenn das Kind draußen im Wald, bei Sonne und im Regen tastet und spürt, wie sich die Borke, der Sand, die Erde, die Steine und das Moos anfühlen und welche Materialqualitäten von weich bis kratzig innen im Raum zu entdecken sind.

Was unterscheidet sie, welche Gefühle entstehen und wie kann das Kind sie ausdrücken? Als Endergebnis von gesammelten – im wahrsten Sinne des Wortes – Erfahrungen kann eine Taststraße entstehen. Ohne die dahinterstehende Erfahrung bleibt sie ein lebloses Ding.

Erfahrungen machen heißt auch ausprobieren und verändern.

Kinder wollen sich selbst verändern

Sie wollen Arzt und Patient, Prinzessin und Dracula, Captain Kirk und Schneewittchen sein. Welche Seiten stecken in Kindern, welche Wünsche und Träume wollen sie ausdrücken? Erlebtes und Gesehenes verlangt nach einem Ausdruck. Die Phantasie möchte eine Gestalt annehmen. Dies kann sie jedoch nur, wenn sie angeregt wird durch Eindrücke und Material. Die **Verkleidungskiste** gibt es in fast allen Kindergärten. Wie sieht sie aber manchmal aus? In einer großen Kiste sind zusammengeknüllt Kleidungsstücke jeder Sorte, ein paar Hüte, ein Regenschirm – ach ja und noch eine Kette.

Wie wäre es mit einer Kleiderstange oder einem Kleiderständer, auf dem auf Bügeln, den Augen nicht verborgen, die Schätze hängen, die niemand in die Kleidersammlung geben würde? Tüllkleider und Brokatjäckchen, Abendkleider und -anzüge, Mäntel und Capes, Blusen und Röcke, weite und enge, kurze und lange Hosen, Overalls, Arztkittel, die Schürze eines Küchenchefs oder die alte Uniform eines Schornsteinfegers, Federboas, Satinhandschuhe bis über die Ellenbogen, Sonnenhut und Zylinder, Schaffnermütze, Schirm- und Seemannsmütze, Bauhelme, Schuhe, Stiefel und Sandalen, Hackenschuhe und Holzschuhe, Fächer, Schleier, Bänder, Schleifen, Tücher, Schärpen usw., usw.

Der Sammelleidenschaft sind keine Grenzen gesetzt. Zum Kleiderständer oder der Kleiderstange gehört der große Spiegel – vielleicht eine dreispiegelige Frisierkommode – mit Schminkutensilien: Lippenstifte, Augenbrauenstifte, Lidschatten aller Schattierungen, falsche Wimpern und Bärte, Perücken, Brillen...

Kinder wollen die eigene Perspektive ändern und Podeste erobern

Sie wollen einmal oben sein und einmal unten, einmal auf die anderen heruntergucken oder zu ihnen aufblicken. Sie wollen einmal drinnen sein und einmal draußen. Ein Raumgliederungselement, das dies ermöglicht, ist das Spielpodest.

Beim Einbau von Podesten muß vorher überlegt werden,

- welche Funktionen das Podest haben soll
- welche Funktionen sich miteinander vereinbaren lassen und welche sich ausschließen
- wo das Podest stehen soll und ob noch genug Platz bleibt für Möbel und flexible Raumgestaltungselemente
- ob ein fest eingebautes Podest geplant wird oder kleine, bewegliche Podeste dieselbe Funktion erfüllen können.

Podeste als Bewegungsanreiz zum Klettern, Schaukeln und Spielen mit Leitern, Seilen, Hängematten, Rutsche und Schlupflöchern.

Podeste, die die Grundfläche des Raumes vergrößern durch den Einbau einer Hochetage. Auf ihnen können kleine Gruppen ungestört spielen. Eignet sich zur Puppen- oder Leseecke mit Kuschelhöhle.

Podeste können so konstruiert werden, daß sie zusätzlich zur Hauptfunktion Ruhe oder Bewegung, als Kaufladen, Kasperbühne oder Schattenspielwand dienen.

Podeste können zusätzlich als Aufbewahrungsort für Schlafmatten, Spiele und Bücher dienen. Sie können so Regale und Schränke ersetzen.

Podeste können aus Einzelelementen immer wieder neu konstruiert und den jeweiligen Erfordernissen angepaßt werden. Mit ihnen kann auch gebaut werden.

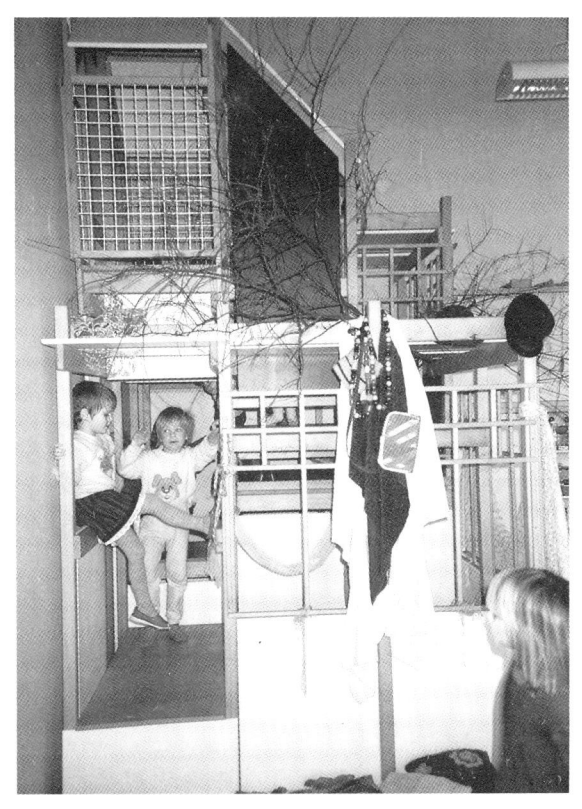

Kletterbaum und Hochsitz und Höhle.

Kinder wollen den Raum neu erleben.

Sie erfahren die Veränderung des Raums durch Möbel, die sich wandeln: ein Stuhl, der mitwächst („Tripp-Trapp-Stuhl"), ein Tisch der zur Wippe wird oder ein Spieleständer, der einmal Höhle, Erzählecke oder Kaufmannsladen sein kann.

Sie erfahren die Veränderung des Raums auch durch Elemente und Einrichtungsgegenstände, die interessante und vielfältige Wahrnehmung ermöglichen.

* **Das Spiegelzelt**
  wurde in Reggio entwickelt und hat inzwischen auch in die Kataloge der großen Spielwaren- und Kindergartenmöbelhersteller Einzug gehalten. Billiger, wenn auch

nicht so haltbar läßt sich ein Spiegelzelt herstellen aus drei Hartfaserplatten, die mit Spiegelfolie beklebt und Klavierscharnieren verbunden werden.

In einem Spiegelzelt spiegelt sich tausendfach das Ich und eine kleine Kerze vervielfacht sich zum Lichtermeer.

- **Das Folienzelt**
  ist eine mit Scheinwerferfolie bezogene Pyramide. Wenn ich in ihr liege, kann ich die Welt in anderen Farben sehen.

- **Das Stoffzelt**
  Ein Iglu-Zelt ist leicht aufzubauen und kann mit weißen Tüchern oder langen Papierbahnen zur Schneehöhle werden.

- **Die Wellpappenrolle**

wird aufgestellt zum Schlängelgang oder zum Kriechtunnel. Wird sie ausgerollt und an die Wand gehängt, können auf ihr Kinderbilder präsentiert werden. Sie kann auch einmal als Pinnwand dienen.

Auf dem Fußboden ausgerollt können nackte Füße darüber laufen. Wenn sie zusammen mit den Kindern mit unterschiedlichen Materialien beklebt wird (Stoff und Schaumgummi, Kronkorken und Moos, Bambusstöckchen, Schmirgelpapier...)

45

wird aus ihr ein Tastpfad für Hände und Füße. Nicht für immer und ewig, sondern für manchmal.

• Hängematten

erinnern an Ferien, an Bäume zwischen denen man schaukeln und in Baumwipfel gucken kann oder an Schiffe, auf denen die Seeleute keine Kojen haben, sondern in Hängematten schlafen. In Hängematten schaukeln bedeutet Bewegung, aber auch zur Ruhe kommen und sich sicher fühlen, wie in Abrahams Schoß.

Wo gibt es in Ihrem Kindergarten eine günstige Ecke, in der eine Hängematte Platz finden kann? Wichtig sind widerstandsfähige Wände, in die Haken eingedübelt werden können. Eine Hängematte kann man weghängen, wenn man Platz braucht.

• Sonnenschirme

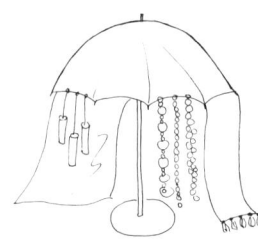

können wie am Strand ein oder zwei Kinder „abschirmen" vor den Blicken der anderen. Wenn an einem Tisch ein Sonnenschirm befestigt wird, entsteht ein Marktstand. Man kann an seinen Seiten Stoffbahnen anbringen und ihn von der Decke herunterhängen lassen. Dann entsteht ein kleiner geheimer Raum im Raum. Anstelle der Stoffbahnen können es auch abwechselnd Ketten, Spiegelfolienbänder, Bambus- oder Klangstäbe sein. Sehen und Hören. Immer wieder wird ein anderer Sinn angesprochen.

• Raumteiler

sind häufig notwendig, um Spielbereiche voneinander abzugrenzen. Meistens werden halbhohe Regale in den Raum gestellt, um Funktionsecken zu schaffen.

Eine andere Möglichkeit, den Raum zu teilen und gleichzeitig für sinnliche Anregung zu sorgen, sind leere Holzrahmen, von denen zwei oder drei wie ein Paravent miteinander verbunden werden. Das leere Innere kann ausgefüllt werden mit
• Klangstäben aus Holz und Metall,
• Klimperketten...
• aber auch mit Spiegelwänden oder -streifen
• oder mit Hängepflanzen
• oder mit einem Farbmischvorhang. Hierbei wird an der oberen Holzleiste eine Gardinenstange mit drei Schienen befestigt. Dann werden Scheinwerferfolienstreifen in drei verschiedenen Farben zurechtgeschnitten und oben mit Gardinenröllchen versehen und auf die Gardinenstange gezogen. Werden Blau und Rot übereinandergeschoben, so mischen sich die Farben. Es entsteht Lila (siehe Farbseite 56).

Bei der „Auffüllung" der Rahmen sind der Phantasie von Kindern und Erzieherinnen keine Grenzen gesetzt. Wie wäre es z.B. mit einem Riech- oder einem Tastvorhang?

Vielfach sind aus alten Gitterbettchen und Holzliegen phantasievolle Raumteiler hergestellt worden.

Inszenierte Räume

Verändern kann aber auch heißen, ab und zu – wenigstens einmal im Jahr zum Fasching – den ganzen Raum zu verändern. Vielleicht geben ein Buch, eine Geschichte oder eine Fernsehsendung die Anregung, den Raum in eine fremde Welt zu verwandeln: auf dem Meeresgrund, im Walfischbauch, im Weltall, im Inneren der Erde...

Es wird beschrieben, gemalt, geklebt und pantomimisch dargestellt, wie es in der fremden Welt aussieht, welche Farben in ihr vorherrschen, welche Pflanzen und Tiere es gibt, wie die Menschen aussehen, wo sie wohnen und wie sie sich kleiden...

Materialien für inszenierte Räume:

Stoffe: 4-5 Meter schwarzen, roten, grünen Stoff. Baumwollstoff, Tüll, Taft, Lamee, Satin, Rupfen, Leder, Filz...
Plastik: Malerfolie, Elfenfolie, Scheinwerferfolie, silberne Brandschutzfolie, Müllsäcke, Noppenfolie, Plastikschläuche, Gymnastikreifen.
Papiere: in allen Farben Seidenpapiere, Transparentpapiere, Pappen, Tonpapiere, Wellpappenrollen, Tüten (für Masken), Einlagen von Konfektkartons...
Steine, Federn, Muscheln, Kastanien, Eicheln und andere Naturmaterialien.
Glimmer, Pailletten, Perlen, Knöpfe, Glitzerbänder, farbiges Glas und Spiegelreste.

Lebendig wird der inszenierte Raum erst dann, wenn Kinder und Erzieherin in ihm „leben" bei Essen und Trinken, bei Musik und Tanz.

Die Aktivität geht vom Kinde au.
Jedes Kind trägt seine eigenen
Entwicklungsgesetze in sich,
denen der Lehrer mit Achtung
und Respekt zu begegnen hat.
Hilf mir, es selbst zu tun.
(Maria Montessori)

Alles, was ich Kindern
zeige, können sie nicht
mehr selbst entdecken.
(J. Piaget)

Das Auge schläft,
bis der Geist es mit
einer Frage weckt.
(Loris Malaguzzi)

Der Mensch behält von dem
• was er hört   20 ?
• was er sieht   30 ?
• war er hört und sieht   50 ?
• was er nacherzählt   60 ?
• was er selbst tut   75 ?

Wir müssen
die Quellen des
Kindes,
seine ihm eigenen
Möglichkeiten
erkennen.

(Loris Malaguzzi)

Wir sollten den Kindern
Raum geben, damit sie
auf i h r e Fragen
kommen können.

Kinder sind von sich aus neugierig, wissensdurstig
und lernbereit. Wie schaffen die Erwachsenen es
bloß, ihnen das Schritt für Schritt auszutreiben?
Wo steckt unsere eigene Neugier,
unser Wissensdurst?

Ich lege meine Hände zusammen
und
habe einen kleinen warmen
Raum

... und habe einen kleinen warmen Raum

Sich begegnen – anderen und sich selbst

Oasen der Ruhe

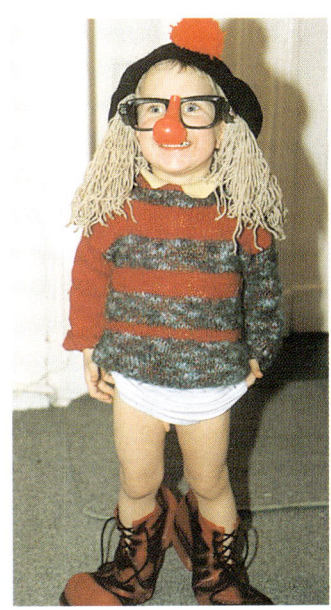

Verändern – den Raum und sich selbst

Experimentieren – mit Wasser, …

... Feuer und Erde

Räume zum Gestalten

Die Arbeit sichtbar machen

Veränderungen allerorts – ...

Experimentieren – mit Dingen hantieren

Die Welt der Erwachsenen in die Kita holen.

Kinder brauchen die Möglichkeit, selbständig mit Dingen zu hantieren und zu experimentieren, um sich die Welt zu erschließen. Kindheit spielt sich heute vorrangig in Institutionen ab. Das meiste angebotene Spielmaterial ist kindgemäß – altersgerecht – pflegeleicht – ungefährlich – pädagogisch durchdacht und auch noch teuer.

Die Welt der Erwachsenen bleibt vor der Kita-Tür, wird ab und zu durch Ausflüge und Besucher hereingeholt. Das kann Vorteile haben, es schränkt aber auch sehr die Erfahrungsmöglichkeiten der Kinder ein.

Wolfgang Mahlke beschreibt drastisch, was ihm in Kindergärten fehlt:
„Kultur heißt: Die Vergangenheit um der Zukunft willen an die Gegenwart anschließen. Wer sich nicht mit der Vergangenheit beschäftigt, bleibt ein Kind, d.h. er bleibt zurück. Allgemein leugnet der Kindergarten innen und außen die Vergangenheit. Kinder werden festgelegt auf das Kindergartenalter – und viele Erzieherinnen schließen sich an. Sie dulden um sich nichts als Kindliches. Dadurch kommt das Gewordene, die Entstehung wie der Wandel aus dem Blick, die Bedeutung des Tätigseins, das erst den Wandel schafft, aus dem Sinn. Das gilt von Dingen ebenso wie von Räumen. Stumpf-Sinn muß die Folge sein." (s. Mahlke, S. 6)

Da ist sicher Wahres dran. Machen wir doch einmal in Gedanken eine Probe: Wieviele Gegenstände aus der Vergangenheit und der Gegenwart der Erwachsenenwelt stehen den Kindern im Gruppenraum zur Verfügung? Wo gibt es ein altes Waschbrett und eine große Teigrolle für Salzteigplätzchen? Wo kann ich ausprobieren, wie mühsam sich Getreide und Kaffee in der alten Kaffeemühle malen lassen? Wo kann ich einmal einen Wecker auseinanderschrauben oder eine Wanderkarte der Umgebung anschauen?

Wir denken, daß es viele Möglichkeiten gibt, die ‚echte' und die vergangene Welt in den Kindergarten hineinzuholen und wollen Mut dazu machen. Es muß ja nicht alles auf einmal sein.

Ein Teil der Ideen stammt aus dem Montessorikinderhaus in Berlin-Zehlendorf, wo zusätzlich zu dem bekannten Montessorimaterial weitere Angebote für Kinder entwickelt wurden.

Die Gegenstände können in offenen Regalbrettern übersichtlich angeordnet für die Kinder erreichbar sein, auf Tabletts, in Körben und flachen Kartons. Anderes kann in den einzelnen Schubladen einer alten Kommode verschwinden – Symbole verraten, was darin aufbewahrt ist. Auch alte Schatztruhen und Überraschungskoffer mit wechselndem Inhalt eignen sich als Aufbewahrungsort: Ein Koffer mit Samowar, Teeschalen, den bekannten Matrioschkapuppen lädt ein zu einer Reise nach Rußland, ein anderer bringt uns zu den Indianern oder in die Türkei.

Ein anderer Koffer enthält Gegenstände zur Babypflege oder – je nach Bedarf – Materialien, um selber Papier zu schöpfen.

Wir haben hier Beispiele gesammelt, die natürlich noch in jeder Richtung zu ergänzen sind.

Für die ganz Kleinen

- Verschiedene Behälter und Gefäße – leer und sauber – mit den dazu passenden Schraubverschlüssen.
- Ein Krug mit Wasser und viele Becher zum Gießen und Vergleichen, um das Verhältnis von Mengen und Teilmengen zu erfassen.
- Verschiedene Zangen und Greifer und Gegenstände, die damit gehalten werden können.
- Ein Korb mit Steinen, die nach unterschiedlichen Kriterien sortiert oder zu einem Muster zusammengelegt werden.
- Eine Kiste voll Kastanien, die rollen, kullern und Geräusche machen.
- Ein Tisch mit Küchengeräten: Schöpfkelle und Eierschneider, Teigrolle und Kartoffelschäler, Schneebesen und Quirl...
- Ein Korb mit alten Handtaschen und ein Korb mit verschiedenen alten Schuhen.
- Tücher und Decken zum Bauen und Verstecken.

Haushaltsdinge – nicht nur für Mädchen

- ein alter Wecker zum Auseinanderschrauben
- Wäscheleine und Klammern
- ein Bügelbrett und ein kleines Bügeleisen, das auch richtig benutzt werden kann
- Schuhputzsachen
- eine Schneiderwerkstatt mit Stoffresten und Scheren, Schneiderkreide und Maßbändern
- Sticknadeln und verschieden dicke, bunte Fäden
- Küchengerätschaften
- verschiedene Nüsse und Nußknacker
- Waagen, Meßbecher, Maßbänder...
- Kochrezepte in Bildern zum Nacharbeiten in Küche oder Kinderküche
- ein Regalbrett für Schreibtischutensilien: Locher und Stempel, Heftstreifen und Klammern, Papier, Stifte, Spitzer...

Für Hort- und Vorschulkinder

Das Interesse an Buchstaben und Zahlen unterstützen

Je älter die Kinder werden, um so interessanter wird für sie die Begegnung mit Buchstaben und Zahlen, besonders wenn sie diese in einem für sie bedeutsamen Sinnzusammenhang kennenlernen.

Die Fotos der Kinder einer Gruppe mit den Namen und Geburtsdaten in klarer Druckschrift in Großbuchstaben übersichtlich an der Wand als Plakat: kein teures Buchstabenspiel, kein gezieltes Lernprogramm findet soviel Aufmerksamkeit bei den Kindern. Es lädt ein zum Beobachten und Vergleichen: MARTIN und MARIE sehen am Wortanfang gleich aus, FLORIAN und SEBASTIAN ähneln sich am Wortende, ANNA und OTTO kann man auch rückwärts lesen.

Kommunikationsprojekt in Reggio/Italien

Noch bevor Kinder richtig lesen und schreiben lernen, verstehen sie, daß diese Kulturtechniken ein wichtiges Mittel der Kommunikation sind. Wenn ich jemanden nicht antreffe, kann ich eine Nachricht da lassen, wenn ich mich nicht traue, jemandem etwas zu sagen, dann kann ich das auch mit einem Brief tun. Wenn ich noch nicht schreiben kann, verwende ich Bilder und Symbole oder lasse mir helfen. Die Pädagogen aus Reggio haben mit Dreijährigen dazu ein ganzes Kommunikations-projekt entwickelt. Zunächst haben sie die Kommunikationsform der Kinder unterein-ander sehr genau beobachtet. Die Kinder merkten im Verlauf des Projektes, daß sie mit Botschaften, kleinen Geschenken und Gegenständen miteinander in Kontakt treten können und daß diese Botschaften auch in Abwesenheit der Freunde und Erwachsenen ausgetauscht werden können. Daß Kommunikation etwas ganz Persönliches ist, daß auch Gefühle mit Dingen und Symbolen, aber auch mit Buchstaben ausgedrückt werden können, das war Ziel des Lernprozesses, nicht allein der technische Umgang mit Papier und Buchstaben. Wichtige Voraussetzung war allerdings auch, daß unterschiedliche Schreibmaterialien, Stifte und Papiere zur Verfügung gestellt wurden. Ebenso wichtig war die Ermunterung, sich mit Zeichen und Symbolen und wenigen Worten auszudrücken. Natürlich gab es auch für jeden persönliche Briefkästen. Eltern und Wirtschaftskräfte wurden in den Briefwechsel mit einbezogen.

Veränderte Räume in Grundschulen

Auf diese Weise nähern Kinder sich dem Lesen und Schreiben, ohne daß traditionellen schulischen Lernformen vorgegriffen wird. Weitere Anregungen dazu geben die Pädagogen Maria Montessori und Celestin Freinet. Der Franzose Freinet hat in den 30er Jahren schon zur Reform des Grundschulunterrichts die Klassenräu-me umgestaltet und Werkstattecken eingerichtet, wo Kinder selbständig lesen und drucken konnten, rechnen, gestalten und experimentieren. In den Grundschulen findet diese Art zu lernen erst langsam Eingang. In Vorschulgruppen und im Hort können wir mit diesen Ideen das Interesse an Buchstaben und Zahlen unterstützen:
• freier Zugang zu Schreibutensilien, Stiften, Papier, Umschlägen, Klebstoff,
• Buchstaben- und Zahlenstempel, Stempelkissen,
• deutliche Beschriftung von Regalen, Schubladen und anderen Dingen im Raum,
• Sandtabletts zum Schreiben mit dem Finger,
• echte Formulare von Post und Bank

- Mengen und Zahlenmaterialien aus dem Montessoriangebot
- eine alte Schreibmaschine,
- Materialien zum Drucken und Vervielfältigen,
- persönlich gestaltete Briefkästen, um Botschaften in Empfang nehmen zu können.

Elementare Erfahrungen mit Natur

Wie Kinder den Naturelementen Feuer – Wasser – Erde – Luft begegnen, ist in letzter Zeit ausführlich in Fachliteratur und Fachzeitschriften behandelt worden. Vieles davon geschieht – naturgemäß – im Freien und dort gehört es auch hin. Wasser- und Matschspiele, Wind und Regen erleben, am Lagerfeuer kokeln, Pflanzen im Wechsel der Jahreszeiten beobachten – das muß draußen im Freien erfah-ren werden. Wie dazu das Außengelände der Kindertagesstätten ökologisch sinn-voll und kreativ umgestaltet werden kann, ist ausführlich beschrieben in dem Handbuch von Rainer Bachmann: „Ökologische Außengestaltung in KinderGÄR-TEN" (s. Literaturverzeichnis). Hier beschränken wir uns auf einzelne Beispiele, die in den Räumen stattfinden können:

Feuer: Kokeln ist beliebt

Kerzen unter Aufsicht und mit bestimmten Regeln anzuzünden ist möglich.
Im Montessorikinderhaus sahen wir ein Metalltablett mit einer Kerze im Kerzenständer, einen Krug mit Wasser und Weckgläser mit und ohne Sand, dazu Streichhölzer. Unter Aufsicht kann jedes Kind mit diesem Feuertablett hantieren.
Der Umgang mit Bügeleisen und heißen Herdplatten übt sich nicht von weitem. Warme Luft steigt nach oben, das sieht man an der Wärmespirale an der Heizung.

Luft: Vom Windhauch zum Durchzug

- Mobiles aus leichten Dingen, die unter der Decke schweben
- Windspiele zwischen drinnen und draußen aus leise klingelnden Materialien
- die Wetterfahne auf dem Dach, vorm Fenster, im Garten
- Puppenfallschirme vom zweiten zum ersten Stock, den Pflanzensamen abgeguckt.

Erde: gärtnern und zeichnen

- Gärtnern auf der Fensterbank und der Terrasse
- Setzlinge ziehen von Zimmerpflanzen
- Soja und andere Körner keimen lassen und im Salat verarbeiten
- mit Erdfarben malen und Mal-Steine suchen: Ziegel, Kohle, Kreide und Kratz-Steine

- eine Schublade mit Sand füllen, eine mit Torf und eine mit Laub: taktile Erfahrungen bieten sich an und Kulissen für kleine Spielszenerien; Wüste, Moor und Zauberwald
- Lehm, Ton und Sand in einem Matschtisch

Wasser: Der Waschraum wird zum Wasserraum

Arbeitsgruppe: Der Waschraum wird zum Wasserraum

Der Waschraum in der Kindertagesstätte eignet sich als Experimentierfeld:
- Wasser in Plastiktüten und Bratenfolien zum Angucken und durchgucken
- Plastikschläuche und Trichter als Wasserleitungen
- Gießkanne, Pflanzensprüher, Luftballons...
- ein Wassermuseum, das in Weckgläsern aufgereiht, die unterschiedlichen Reaktionen von Gegenständen im Wasser zeigt: Rinde und Plastiklöffel, Krepp-Papier und Bananenschale...

69

Etwas sichtbar machen

Den Alltag dokumentieren

Was sehen wir, wenn wir eine Kita betreten? Wir sehen Tische, Stühle, Schränke, Spielsachen, von der Decke hängt häufig ein Zweig mit jahreszeitlichem Schmuck. An der Wand reihen sich die Bilder der Kinder. Jedes Kind ist mit seinem Bild vertreten.

Die „Themen" der Bilder sind für den Besucher meistens leicht zu erraten. Aber:
- Wie sind sie zustande gekommen?
- Von welchem Prozeß sind sie das sichtbare Ergebnis?
- Welche Interessen der Kinder stehen dahinter?
- Hat es Ausflüge gegeben?
- Welche Sinne sind angesprochen worden?
- Aus welchem Materialangebot haben die Kinder das Papier und die Farben gewählt?
- Mußten sich alle Kinder auf Papier und Farbe einigen, weil es kein weiteres Angebot gab?
- Usw., usw.

Das zu wissen wäre spannend für die Eltern der Kita-Kinder, für den Träger oder für zufällige Besucher. Jeder könnte sehen, wie hier der ganz normale Kindergartenalltag aussieht, wie mit den kleinen und größeren Kindern gearbeitet wird, ob es für Vorschulkinder besondere Angebote gibt oder ob altersgemischte Projekte durchgeführt werden.

Da wo Kindergärten um ihre Existenz bangen müssen, kann eine gute Darstellung der Arbeit Eltern davon überzeugen, ihr Kind gerade in diese Einrichtung zu geben.

Aber auch wo dies nicht der Fall ist, macht die Dokumentation der Arbeit einen Sinn: Sie zwingt zum genauen Beobachten der Kinder und ihrer Erfahrungen, ermöglicht das Überdenken der eigenen Arbeit und kann einen guten Gesprächsanlaß mit Kolleginnen und Eltern bieten.

Will man pädagogische Prozesse dokumentieren, so bedarf es eines Fotoapparates, eines Kassettenrecorders, einer Ausstellungsfläche oder Galerie. Die Arbeiten der Kinder finden ihren Platz und hängen nicht beziehungslos nebeneinander.

Leben braucht Raum für Spuren

Kitafenster

Sie verbinden das Innen mit dem Außen, lassen Licht und Blicke hinein. Sie sind auch eine Visitenkarte der Kita. Sieht man den Fenstern allein den Pinsel der Erzieherin an? Sehen sie aus wie eine undurchlässige Farbwand? Bleiben sie Jahr für Jahr gleich oder ändern sie ihr Gesicht? Sieht man ihnen an, daß hier unterschiedliche Kinder und Erwachsene leben?

Welche Fenstergestaltungen könnte es geben?
* transparente Glasfarben
* Bilder aus weißem Transparentpapier (Butterbrot- oder Architektenpapier)
* Farbfolien, Farbmischvorhang
* Lupen, Gläser, Brillen
* Linsen, an Fenster geklebt, können mehr als ein Menschenauge sehen (häufig zu sehen an Auto-Rückfenstern; in verschiedenen Farben zu haben)
* zarte Blattstrukturen
* Münztaschen mit allerlei Schätzen, Federn und Steinen.

Eindrücke sichtbar machen

Malen und Gestalten

„Als ich sechs Jahre alt war, sah ich einmal in einem Buch über den Urwald, das „Erlebte Geschichten" hieß, ein prächtiges Bild. Es stellte eine Riesenschlange dar, wie sie ein Wildtier verschlang.

In dem Buche hieß es: „Die Boas verschlingen ihre Beute als Ganzes, ohne sie zu zerbeißen. Daraufhin können sie sich nicht mehr rühren und schlafen sechs Monate, um zu verdauen."

Ich habe damals viel über die Abenteuer des Dschungels nachgedacht, und ich vollendete mit einem Farbstift meine erste Zeichnung. Meine Zeichnung Nr. 1. So sah sie aus:

Ich habe den großen Leuten mein Meisterwerk gezeigt und sie gefragt, ob ihnen meine Zeichnung nicht Angst mache.

Sie haben mir geantwortet: „Warum sollen wir vor einem Hute Angst haben?"

Meine Zeichnung stellte aber keinen Hut dar. Sie stellte eine Riesenschlange dar, die einen Elefanten verdaut. Ich habe dann das Innere der Boa gezeichnet, um es den großen Leuten deutlich zu machen. Sie brauchen ja immer Erklärungen. Hier meine Zeichnung Nr. 2:

Die großen Leute haben mir geraten, mit den Zeichnungen von offenen oder geschlossenen Riesenschlangen aufzuhören und mich mehr für Geographie, Geschichte, Rechnen und Grammatik zu interessieren. So kam es, daß ich eine großartige Laufbahn, die eines Malers nämlich, bereits im Alter von sechs Jahren

aufgab. *Der Mißerfolg meiner Zeichnungen Nr. 1 und Nr. 2 hatte mir den Mut genommen. Die großen Leute verstehen nie etwas von selbst, und für die Kinder ist es zu anstrengend, ihnen immer und immer wieder erklären zu müssen."*
Antoine de Saint-Exupéry, Der kleine Prinz

Wie gehen wir um mit kindlichen Erfahrungen? Welchen Raum lassen wir ihrer Phantasie und ihrer Ausdruckskraft?

Wie begleiten wir die Kinder in ihrem forschenden Interesse an der Welt, welche zusätzlichen Anreize und Impulse geben wir ihnen und wie fördern wir ihre sinnliche Wahrnehmung?

Alles dies sind Fragen, die eine ästhetische Erziehung beantworten muß. Nicht die perfekt ausgeführte Bastelarbeit, die ausgemalte Vorlage oder der ordentliche Umgang mit Farben und anderen Materialien sind Zeichen einer gelungenen Unterstützung des Kindes beim bildnerischen Gestalten.

Wenn Kinder hinausgehen, den Sommer zu fühlen, zu schmecken und zu horchen, wie er klingt, wenn sie von ihm singen und Geschichten von ihm hören, dann kann es eigentlich nicht 15 gleiche oder ähnliche Sommerbilder geben. Jedes Kind wird individuell und persönlich Auskunft über „seinen" Sommer geben. Denn das Bild drückt Erfahrungen und Gefühle aus.

Aber ohne Eindruck kein Ausdruck.

Wenn jeder Ausdruck kindlicher Erfahrungen und Erlebnisse die Wertschätzung des Erwachsenen findet, dann werden Kinder immer seltener sagen „ich kann nicht malen" oder „was soll ich malen?"

Der bildnerische Ausdruck zeugt aber auch davon, wie sich das Kind die Welt aneignet und zu welchen Ergebnissen es gekommen ist. Es strukturiert seine Wahrnehmung. Ein Baum, der aus zwei senkrechten und einer waagerechten Linie besteht, zeigt, daß das Kind die wesentlichen Strukturmerkmale eines Baumes – Stamm und Äste – erkannt hat. Kinder zeigen auch, was sie von der Welt wissen. Sie zeichnen das „Innenleben" eines Hauses gleich mit, auch wenn es von außen durch die Mauern verborgen ist.

„Darstellen heißt klarstellen." (Rudolf Seitz)

Vielfältige Erfahrungen und die Anregung durch unterschiedliche Materialien bedürfen aber auch des Raumes, in dem sie ihren Ausdruck finden können.

Räume zum Malen und Gestalten

• **Kinderatelier – ein kreativer Ort.**
Ein Traum von einem Ort nur zum Malen und Gestalten, zum Ausprobieren und Experimentieren, zum Anregen und Sich-Anregen-Lassen.

Ein Ort, an dem es Platz gibt für Kinder und die Einzigartigkeit ihrer Ausdrucksweise. Ein Ort, an dem Zeit ist, an dem es kein richtig oder falsch, sondern nur ein anders gibt. Ein Ort, an dem Zitronen blau sein dürfen, Schablonen verbannt werden und jeder seinen Ausdruck findet. Ein Ort, an dem es Ordnung und Chaos geben darf, an dem Wege beschritten werden, die noch nicht ausgetreten sind und deren Ende niemand kennt.

- **Offene Regale bieten an und ordnen.**
Wir sehen einen Ort vor uns mit offenen Regalen und einer Fülle von Material:
- – Papiere und Pappen in allen Farben, Stärken und Formaten
- – Farben und Pinsel
- – Gläser mit Fund- und Sammelstücken: Knöpfe, Pailletten, Federn, Scherben, Muscheln, Eicheln
- – Papprollen und Holzkugeln, Bambusstöckchen... Holzreste in allen Formen
- – Stoffe und Felle
- – Ton und Knete
- – Metallenes – glänzend und rostig.

Die Ordnung in den Regalen macht einen Sinn. Farben, Pinsel und Wassergläser gehören zu den Papieren und Pappen. Zum Holz gehören einfache Werkzeuge, Nägel und Holzleim. Ein großer stabiler Tisch lädt ein zum Sich-Raum-Nehmen. Es darf ausgebreitet und -probiert werden, was die Regale bieten. Die Grenzen des Papiers dürfen überschritten werden. Große Formate machen keine Angst, sondern bringen den ganzen Arm in Bewegung. Staffeleien und Malwände ermöglichen einen anderen Blick auf das Bild.

Ja, schön wärs. Aber wie sieht die Realität aus? Enge Räume, in denen der ganze Kindergartentag verbracht werden muß: Bauen, ruhen, sich bewegen, mit Puppen spielen, essen...

- **Kreative Ecken**
Vielleicht gibt es eine Ecke, die sich eignet, wenigstens etwas von dem zu verwirklichen. Denn sicherlich wollen nicht alle Kinder zur gleichen Zeit ein Bild malen oder den Turmbau zu Babel aus Pappe oder Holzstückchen errichten. Ein Teil im Regal reicht vielleicht auch, alle Materialien aufzunehmen, die man braucht. Und wenn es nicht nur Filzstifte, einen Tuschkasten und Fingerfarben gibt, sondern auch Aquarellfarben und vielleicht Farbpigmente, dann ist das schon eine ganze Menge mehr. Wenn verschiedene Papiere und Pappen zum Ausprobieren anregen, dann wird es Spaß machen, die kindliche Phantasie zu erleben.

Breite Fensterbretter eignen sich auch als Malfläche für ein großes Bild, an dem zwei Kinder arbeiten.

- **Mobile Materialwagen**
Mit den wichtigsten Materialien zum Malen und Gestalten kann man verschiedene Orte zum Kinderatelier machen: den Waschraum, den Garten oder die Terrasse.

- **Bauwagen**

Eine Kindertagesstätte in Berlin hat sich einen alten Bauwagen von einer Baustelle besorgt und ihn zum Malen und Gestalten, zum Hämmern und zum Sägen eingerichtet.

Materialien zum Malen und Gestalten

- Doppelstaffeleien zum Selbermachen bestehen aus zwei Platten, die schräggestellt mit einer Kette verbunden sind und von einem Scharnier gehalten werden. Sie lassen sich zusammenklappen, wegstellen und an anderen Orten, z.B. draußen, wieder aufbauen. Unten wird die Staffelei begrenzt von einer Querleiste, um herunterfließende Farbe aufzufangen.
- Große Papierbahnen können an glatte Wandflächen geklebt werden und ermöglichen so auch großformatiges Malen.
- Zeichenpapierrollen
- Tafelfolie zum Aufkleben auf Türen
- zur Papieraufbewahrung ein Papierschrank
- ein großes Brett, das an die Wand gelehnt wird, kann auch eine Staffelei für ein Kind abgeben. Das Brett kann mit zwei eingedübelten Haken an der Wand befestigt werden. Herunterlaufende Farbe wird mit Untersetzern von Blumenkästen aufgefangen.

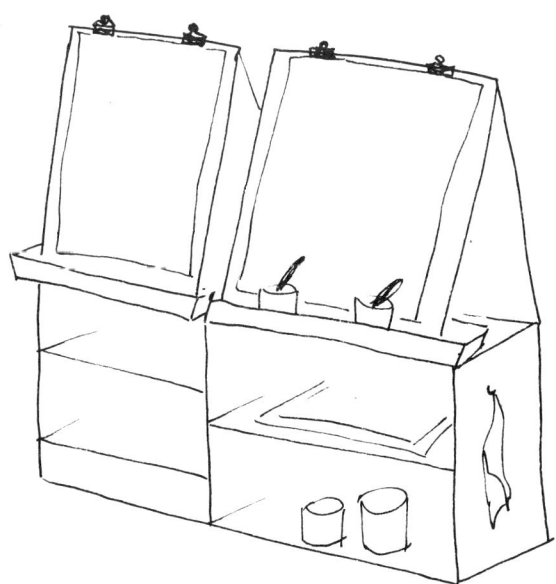

Wohin mit kindlichen Kunstwerken?

Es zeugt von der Wertschätzung der kindlichen Werke, wenn diese ihren Platz im Kindergarten finden. Aber müssen es immer alle gleichzeitig sein zwischen Informationen für Eltern, Broschüren und Postern?

Wird man Kindern wirklich gerecht, wenn man alle gleich behandelt?

Kinder sind, wie Erwachsene auch, nicht gleich, sondern unterschiedlich, auch in ihren Ausdrucksformen. Dies wahrzunehmen und zu würdigen, heißt ihnen gerecht werden.

Vielleicht gibt es eine Wand im Flur oder im Eingangsbereich, die sich eignet als Ausstellungsfläche. An Holzleisten oder Wäscheleinen können die Werke der Kinder aufgehängt werden. Metalltüren werden mit Magneten ebenfalls zur Ausstellungsfläche.

Kinderbilder können auch gemeinsam mit den Kindern zu großen Collagen verarbeitet werden. Wechselrahmen heben einzelne Bilder hervor. Nach und nach kann jedes Kind sein Bild hinter Glas bewundern. Man kann auch mit den Kindern gemeinsam entscheiden, welches der Bilder in den Rahmen soll.

Verschiedene alte Bilderrahmen können zu einer Galerie werden und immer wieder neue Ausstellungen entstehen lassen, vielleicht mit Ausstellungseröffnungen und geladenen Gästen. So wie im richtigen Leben.

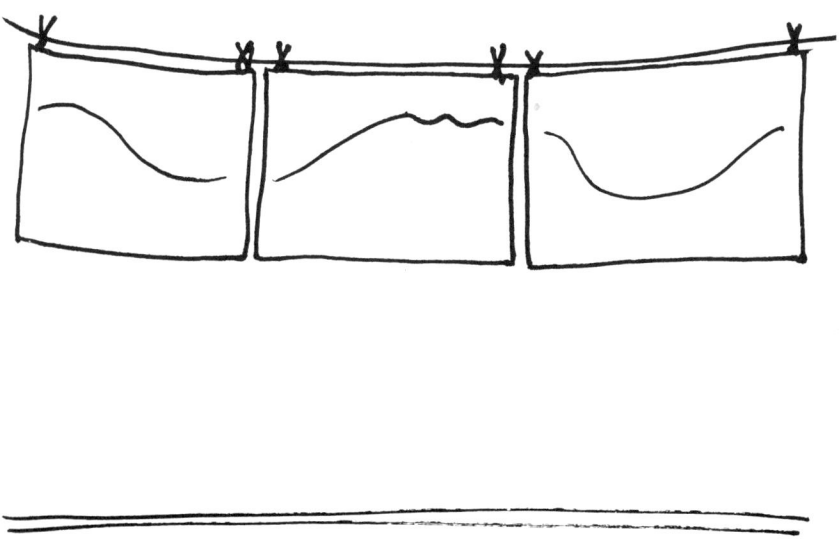

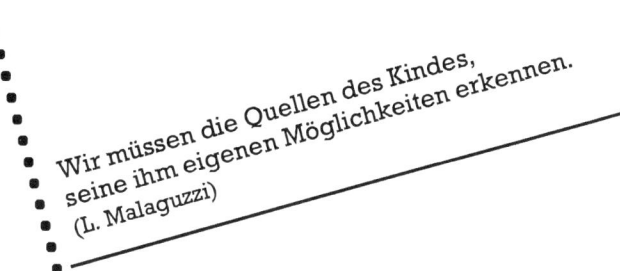

*Wir müssen die Quellen des Kindes,
seine ihm eigenen Möglichkeiten erkennen.*
(L. Malaguzzi)

Zur Balance zwischen pädagogischem Auftrag und Sicherheitsbestimmungen

Dürfen wir denn das?

So lautet die ängstliche Frage, die in jeder Fortbildungsrunde und in jeder Beratungssituation zum Thema „Veränderungen der Kita-Räume innen und außen" gestellt wird. Seit Jahren schon ist das so. Besonders häufig aber ist diese Frage in den letzten Jahren zu hören, wo die allgemeine gesellschaftliche Umgestaltung auch zu einer radikalen Umwälzung der rechtlichen Vorgaben geführt hat. Viele Mitarbeiterinnen beim TÜV, beim Brandschutz, den Versicherungen und den Aufsichtsbehörden haben neue Aufgaben, neue Gesetze, Normen und Richtlinien zu verarbeiten und praxisgerechte Auslegungen und praktikable Anwendungen zu finden. Daß hierbei Unsicherheiten auftreten ist selbstverständlich. Erklärlich ist auch, wenn aus Unsicherheiten schnell mal etwas für unzulässig erklärt wird.

Manchmal allerdings passiert Merkwürdiges:
- Kita-Flure werden ausgeräumt, werden kahl und leblos, weil Flure ja auch Fluchtwege sind, die im Falle eines Brandes...,
- Spielgeräte, die jahrelang ohne Unfall genutzt wurden, werden plötzlich stillgelegt – nicht weil sie morsch und brüchig sind, sondern weil sie den DIN-Normen nicht entsprechen.
- Weidenhütten und Balancierhölzer aus unbearbeiteten Baumstämmen rufen nachdenkliche Sorgenfalten auf der Stirn ernsthafter Sachverständiger hervor: „Dafür gibt es keine DIN-Normen!"

Unsichere Kita-Leiterinnen, Erzieherinnen und Träger lassen sich zu schnell beeindrucken. Duldsam wird abgebaut, was mühsam – oft mit engagierter Elternhilfe – aufgebaut wurde.

Ohne Frage: die Sicherheit der Kinder ist wichtig und Sicherheitsbestimmungen müssen auf jeden Fall eingehalten werden! Es ist aber eine trügerische Hoffnung, daß jedes Risiko ausgeschlossen werden kann. Außerdem würde der Versuch, eine vollständig sichere Kita zu schaffen, den Erziehungsauftrag zu verfehlen. Ebenso wie in Fragen der Aufsichtspflicht, muß auch bei den räumlichen Rahmenbedingungen ein vernünftiges Gleichgewicht geschaffen werden, zwischen den Aufgaben einer Kindertagesstätte, den Kindern Erlebnis-, Handlungs- und Erkenntnismöglichkeiten zu erschließen und der notwendigen Sicherheit der Kinder in den Einrichtungen. Kinder können und sollen nicht von allen Gefahrenquellen ferngehalten werden, sondern sie müssen behutsam mit möglichen Gefahren vertraut gemacht werden und Schritt für Schritt selbständiger lernen, sich im Leben auch mit Gefahren zurechtzufinden.

Diese Auffassung hat auch Eingang in die Formulierung der Gesetze und Richtlinien und in die Rechtsprechung gefunden. Aus diesem Grund ist es richtig und notwendig, daß die entsprechenden Vorschriften sehr allgemein und abstrakt formuliert sind. Es läßt sich eben keine immer und für alle Kinder, für alle Kitas und für alle Situationen gültige konkrete Vorschrift fassen. Immer ist der Einzelfall maßgebend, immer müssen die Vorschriften konkret angewendet werden. Hierbei gibt es häufig große Ermessensspielräume, die von verschiedenen Menschen unterschiedlich genutzt werden. Wir empfehlen Ihnen daher, mit den für die Sicherheitsfragen zuständigen Fachleuten gemeinsam nach den konkreten Wegen zu suchen und zusammen abzuwägen zwischen dem Ermöglichen von Erfahrungsräumen und dem Behüten und Beschützen.

Dabei ist es immer hilfreich, sich genau die jeweiligen Rechtsgrundlagen anzusehen. Lesen Sie selber den Text der Gesetze und Vorschriften und lassen Sie sich nicht nur berichten, das stände irgendwo. Und bringen Sie Ihre Sichtweise, Ihre Erfahrungen und Ihre Verantwortung in die gemeinsame Suche nach der Balance ein. Entgegen verbreiteter Vorurteile – auch bei Erzieherinnen –, entscheiden die gesetzgebenden und die rechtssprechenden Instanzen zumeist sehr pädagogisch. Sie sind auch häufig freier und legen mehr Wert auf die Fördung des bewußten Umgangs mit Gefahrenquellen als die ausführenden und kontrollierenden Instanzen. Also nachfragen, überprüfen und notfalls auch mal streiten! Ein ausgleichendes Kräftespiel ist angesagt in einer Demokratie – im großen wie im kleinen: „Nicht Haufen von je 25 Zwergen durch Erziehung in die Enge treiben, sondern Verantwortung geben, damit auf vielfältigen Ebenen für alles Leben Verantwortungsbewußtsein entsteht." (Mahlke, S. 9)

Was den Raum
zum Raum
macht

Farben
sind in der Sonne
lustiger und glücklicher
als im Schatten

Wände und Farben

Wenn im Kindergarten renoviert werden soll, tauchen viele Fragen auf:
* Welche Farben? Helle, dunkle, bunte oder eher pastell, beige, damit man nichts falsch macht?
* Wie wirken Farben in Räumen? Wie kann man enge Räume weiter erscheinen lassen, lange Flure kürzer, zu hohe Decken niedriger?
* Welche Wandanstriche sind ungiftig und ökologisch verantwortlich?

Sich für Farben entscheiden, ist also mehr als Geschmacksache. Mit Farben können wir:
* Atmosphäre schaffen und Gefühle hervorrufen, Wärme oder Kälte, Sicherheit und Geborgenheit. Wir können uns eingeladen oder abgestoßen fühlen...
* differenzieren, d.h. Raumteile miteinander verbinden oder voneinander absetzen oder hervorheben,
* uns von der Natur abheben, oder uns in ihren Zusammenhang stellen,
* Situationen mit stärkeren oder schwächeren Reizen schaffen.

Heute existiert eine Fülle unterschiedlicher Farben, die uns die Farbwahl schwer macht. Unsere Vorfahren konnten leichter Farbharmonie erreichen, da sie allein Erdfarben zur Verfügung hatten, die zudem leichter mit den mit Pflanzenfarben gefärbten Textilien in Übereinstimmung zu bringen waren.

Für die Farbauswahl gibt es keine Rezepte. Sicher ist jedoch, daß das Farbempfinden einer Schulung bedarf. Sensibel für Farben können wir werden, wenn wir bewußt die Farbigkeit der Natur, ihre Abstufungen und ihr Nebeneinander wahrnehmen. Auch das bewußte Gestalten mit Farben beim Malen oder textilen Gestalten schult unseren visuellen Sinn.

Wie Farben wirken

Befragungen zeigen (vgl. Heller 1989), daß es übereinstimmende Einstellungen zu einzelnen Farben gibt und Farben mit bestimmten Seelenstimmungen in Zusammenhang gebracht werden können. So steht Rot einerseits für Aggressivität, andererseits für Liebe und Freude, Gelb für Neid aber auch für Licht und Sonne, Blau für Ferne, Sehnsucht und Kälte. Kräftige, ungemischte Farben senden starke Reize aus und sind bestimmend, sie harmonieren mit ihren jeweiligen Komplementärfarben.

Haben Sie schon einmal darüber nachgedacht, ob es wirklich richtig ist, daß Kindern bunte Farben beschert werden müssen?

Die Tonigkeit warm-kalt und Komplementärkontraste, besonders rot-grün, blau-braun-violett, rosa-braun, rosa-oliv, weiß-gelb, ocker-blau, schwarz-rotbraun sind Farbideen aus der Natur, die auch im Kindergarten Atmosphäre schaffen können.

Es eignen sich ebenfalls warme Farbtöne in Abstufung zum Mobiliar, eine Mischung von warmem Gelb bis zu Brauntönen.

Weiß verbinden wir mit Sauberkeit, Kälte, Krankenhaus...

Weiß mit Umbra abgetönt, nimmt ihm die Schärfe.

Es weitet den Raum, hebt die Decken, läßt die Wände ungreifbar erscheinen und macht enge Flure weiter. Auf leicht abgetönten weißen Wänden kommen Bilder besonders gut und ohne Farbbeeinflussung zur Geltung.

Beige „ist ein Farbton, der zurückhält, was er geben sollte, für den man sich zu entscheiden vorgibt, obwohl damit eigentlich keine Entscheidung fällt" (Mahlke/Schwarte S. 92). Beige ist eine Nuance von Gelb. Dem Gelb ist als Komplementärfarbe violett gegenübergestellt. Es nimmt dem Holz der Möbel die Prägnanz.

Bevor man sich endgültig für eine Farbe entscheidet, sollte man Farbproben in Licht- und Schattenbereichen aufbringen, je Farbton drei Helligkeitsgrade, die bei unterschiedlichen Wetterverhältnissen begutachtet werden sollten.

(nach: Mahlke/Schwarte, 1989)

Anstrich für Wände und Decken

Welche Farben gibt es und welche eignen sich?

Wie unsere Haut und unsere Kleidung müssen Wände und Decken eines Hauses luftdurchlässig sein, damit verbrauchte Luft nach außen entweichen und frische Luft nach innen dringen kann. Durch den Luftaustausch entsteht ein gutes Raumklima. Farben für den Wandanstrich sollten toxikologisch unbedenklich sein, d.h. ungiftig und nicht zu gesundheitlichen Belastungen führen. Sie sollten ökologisch hergestellt sein (Energie- und Rohstoffverbrauch) und ohne Umweltbelastungen entsorgt werden können.

- **Dispersionsfarben**

sind die am häufigsten verwendeten Anstrichfarben. Sie bestehen aus Wasser, Kunstharzen, Farbpigmenten sowie aus geringen Mengen organischer Lösemittel (bis zu 5 %). Dispersionsfarben gelten aufgrund dieses relativ geringen Anteils von Lösemitteln als relativ umweltverträglich. Sie können zu Schleimhautreizungen und Kopfschmerzen führen. Inzwischen gibt es lösemittelfreie Dispersionsfarben.

Bei der Auswahl von Farben kann als erste Orientierung der „Blaue Engel" der Jury Umweltzeichen dienen.

- **Naturfarben**

sind umweltverträgliche Wandfarben. Es gibt Naturharzdispersionsfarben, Kalkfarben, Leimfarben und Silikatfarben für Außenanstriche.

Die Naturharzfarben für Innenanstriche sind aus wertvollen Baumharzen, Bienenwachs, Pflanzenölen, Pigmenten, Talkum und Buchenholzmehl hergestellt. Diese Farbe ist wischfest, frei von Umweltgiften und eine Gasabspaltung beim Durchtrocknen der Tapeten ist nicht zu erwarten. Darüber hinaus lädt sie sich nicht elektrostatisch auf.

Kalkfarben bilden mit Naturharz-Dispersionsbindern eine waschfeste Wandbeschichtung auf mineralischen Untergründen.

• Wandlasuren

sind eine ursprünglich in Waldorf-Kindergärten und anderen anthroposophischen Einrichtungen übliche Gestaltung der Wände.

Mit einer speziellen Technik (z.B. Schwämmchen) werden lasierende, d.h. nicht deckende Farben auf die Wände aufgebracht. Durch den unregelmäßigen, durchscheinenden Farbeffekt entsteht ein leichter, lebendiger Eindruck. „Die Farben umhüllen den Menschen und machen gleichzeitig in ihrer Qualität und ihrem Ausdruck den physischen Raum, in dem sie leben, durchlässig für einen anderen geistigen Raum." (Die Farbgestaltung der Schule. Aus: Mitteilungen der Freien Waldorfschule, Oldenburg 1986)

Diese neue Art, Räume mit Farben zu lasieren, zu „durchseelen" wurde von Rudolf Steiner angeregt. Er entwickelte einen emulsionsartigen Bindemalgrund aus organischen Substanzen. Auf ihm klebt die Farbe nicht mehr, sondern schwebt wie losgelöst.

• Kunstharzdispersionsfarben

sollten nicht großflächig in Innenräumen angewandt werden. Sie enthalten Gemische verschiedener chemischer Rohstoffe mit unterschiedlichen Gefahrenpotentialen.

• Preise

10 Liter einer lösemittelfreien Dispersionsfarben (weiß) kosten ca. 60 DM. Diese Menge reicht für 50-60 Quadratmeter.

4 Liter einer Naturharzfarbe (mit den beschriebenen Vorteilen) kosten ca. 50 DM. Diese Menge reicht für ca. 36,4 Quadratmeter.

7 kg Kalkkaseinfarben reichen für ca. 45 Quadratmeter. Sie kosten ca. 40 DM.

Vor- und Nachteile der gebräuchlichsten Wandfarben

Material	Bestandteile	Vorteile	Nachteile
Dispersions-farben	Wasser. 1-2% Lösemittel, polymere Bindemittel, Farbpigmente, Pestizide	einfach zu verarbeiten, wischfeste Anstriche	gering diffusionsfähig, Lösemittel dünsten aus, Pestizide werden an Raumluft abgegeben
Kalkfarben	Sumpfkalk, Farbpigmente	leicht zu verarbeiten, keine Ausdünstungen diffusionsfähig	nicht wischfest
Leimfarben	Zelluloseleim, Kreide, Erdpigmente, Wasser	leicht zu verarbeiten, wischfest, dispersionsfähig	relativ schwache Farben
Kalkkasein-farben	Kasein (fettfreier Quark), gelöschter Kalk, Molke, Erdfarbpigmente	abwaschbar, für außen geeignet, gut deckend, schnell trocknend, überstreichbar, gut diffusionsfähig, wasser- bis wetterfest	nicht auf jedem Untergrund wischfähig

Licht

Licht in der Natur

In der Natur gibt es sehr unterschiedliches Licht: gleißende Mittagshitze und trübe Regentage, Dämmerung und schräges Licht untergehender Sonne mit starken Kontrasten, offenes Feuer und Sternenfunkeln.

Licht und Sonne sind bestimmend für die Stimmung des Menschen, für sein Wohlbefinden. Sonnenlicht fördert die Lebensfreude, trübes Winterlicht wirkt deprimierend und ermüdend.

Lichtreize haben auch wesentlichen Einfluß auf Wachstumsregelung und Atmung, auf die Sauerstoffversorgung und Abtötung von Bakterien.

Da wir uns heute weit weniger als früher im Freien aufhalten, kommt der Beleuchtung in Innenräumen besondere Bedeutung zu.

Licht im Raum

Die Beleuchtung des Raumes sollte nicht nur einheitliches Licht gleichmäßig streuen sondern unterschiedlich und variabel sein. Architektur und Beleuchtung können das Gefälle von Hell und Dunkel, von Licht und Schatten erlebbar machen oder aber durch Einheitsbeleuchtung von der Decke herab nivellieren.

Wir unterscheiden

Licht zum Sehen:
Die allgemeine Raumhelligkeit. Die Beleuchtung kann indirekt sein und auch gezielt gerichtet, z.B. auf Arbeitsflächen.

Licht zum Hinsehen:
Lichtinseln werden im Raum gebildet, z.B. der Eßtisch wird allein beleuchtet. Man kann auch Dinge ins rechte Licht rücken, Bilder, Möbel, Ausstellungsstücke...

Licht zum Ansehen:
Das ist eine dekorativ schöne Leuchte, eine Kerze, Kaminfeuer...

So eignet sich zur Beleuchtung eines Arbeitsplatzes eine schwenkbare Lampe, eine Sitzgruppe könnte mit einer verstellbaren Pendelleuchte ausgestattet werden und eine Schiene mit Punktstrahlern beleuchtet eine Ausstellungsfläche oder eine Informationstafel.

Gemütlich und entspannend ist gelbliches Licht mit geringer Intensität.

Beleuchtung für Kindertagesstätten

Welche Beleuchtung für Kindertagesstätten gewählt wird, hängt natürlich zum einen von den baulichen Gegebenheiten ab: Wieviel natürliches Licht ist vorhanden? Wo gibt es Fenster, Oberlichter, dunkle Nischen und Flure? Bei hohen Räumen bietet es sich an, Leuchtstoffröhren abzuhängen, weil der Raum auf diese Weise niedriger und wohnlicher wirkt. Auch in abgehängte Decken lassen sich Leuchten einbauen.

Beleuchtungsfehler – und wie sie sich vermeiden lassen:

Beleuchtungskörper sollten so angeordnet sein, daß eine Blendung möglichst vermieden wird. Die Blendung nimmt mit der Leuchtdichte zu. Dabei handelt es sich um sogenanntes Zwielicht, wobei die Augen von Lichtstrahlen unterschiedlicher Stärke getroffen werden. Pupille und Sehnerv versuchen sich zwar darauf einzustellen, werden aber erheblich gestört. Dadurch wird das Sehvermögen beeinträchtigt, es treten Augenbeschwerden auf, schließlich Ermüdungserscheinungen und Kopfschmerzen.

Bei der Planung der Beleuchtungskörper sind deshalb folgende Punkte zu beachten:

* *Kein Leuchtkörper im Gesichtskreis: direkte Sicht der Leuchten vermeiden (indirekte Beleuchtung anstreben)!*
* *Nur Leuchten mit Abschirmung verwenden oder Matt- bzw. Milchglasleuchten; optimal ist ein Blendungsschutz mit hellem Opalglas, weil es eine sehr gute Lichtstreuung bewirkt (der Lichtdurchlaß beträgt jedoch nur ca. 50 Prozent, so daß u.U. die Beleuchtungsstärke zu erhöhen sein wird). (aus: Institut für Baubiologie, S. 289)*

Die Wahl der Leuchtkörper

Welche Art von Leuchtkörpern gewählt wird, muß auch noch entschieden werden: Glühlampen oder Leuchtstoffröhren, Halogenstrahler oder Lampen mit True-Lite-Röhren, Energiesparlampen...

Neben der Leuchtqualität sind bei der Wahl auch andere Faktoren zu berücksichtigen: die Kosten für die Lampen und ihre Lebensdauer, ihr Verbrauch an Energie und ihre Lichtausbeute, ökologische Fragen, die die Herstellung und Entsorgung der jeweiligen Leuchtkörper betreffen. Das ist kompliziert. Vielleicht erleichtern die folgenden kurzen Hinweise die Entscheidung. Im Zweifelsfall ist es aber immer ratsam, sich von möglichst verschiedenen Fachleuten vor Ort beraten zu lassen.

* **Glühlampen**

sind – was Herstellung und Entsorgung angeht – ökologisch unbe﷽klich aber hinsichtlich der Lichtausbeute die schlechteste Möglichkeit der Raumbeleuchtung.

Nur etwa 10 % der vorhandenen Energie werden in sichtbare Lichtstrahlen umgewandelt. Fast die gesamte Leistung wird als Wärme abgestrahlt.

- **Leuchtstoffröhren**

hängen in vielen Kindertagesstätten an der Decke. Sie haben meist helles, bläuliches Licht und wirken ungemütlich. Neue Leuchtstoffröhren enthalten jetzt einen geringeren Quecksilberanteil und sind in unterschiedlichen Lichttönen erhältlich: weiß, warmton und warmton extra. Es lohnt sich also, als einfache Sanierungsmaßnahme, die Leuchtstoffröhren einfach auszuwechseln und dabei auf den Warmton zu achten.

- **Halogenleuchten**

eignen sich gut dafür, Dinge anzustrahlen, die ins rechte Licht gerückt werden sollen. Sie sparen gegenüber herkömmlichen Glühbirnen nur wenig Strom.

Aufgrund der sehr hohen Betriebstemperaturen kann man sich an Halogenlampen bei Berührung leicht verbrennen. Auch das Licht kann die Gesundheit beeinträchtigen, da von den Lampen UV-B-Strahlung abgegeben wird. Schutz davor bieten Glasplatten und eine Entfernung von mehr als 1 m von der Haut.

- **True-Lite**

ist eine in den USA entwickelte Leuchtstoffröhre, deren Lichtspektrum dem Tageslicht um die Mittagszeit sehr nahe kommt. Sie eignet sich gut dafür, sehr dunkle Räume ohne ausreichendes Tageslicht auch tagsüber hell zu machen.

„Überall dort, wo es darauf ankommt, absolut genau und über längere Zeit konzentriert und streßfrei zu sehen, erweist sich der Einsatz von True-Lite als unschätzbare Hilfe." (Produktinformation) Auch die psychischen Auswirkungen von nicht mit Tageslicht beleuchteten Räumen auf die Menschen, die dort arbeiten müssen – Depressionen und Niedergeschlagenheit –, sollen durch True-Lite eingedämmt werden. „Aber Kinder sollten wir doch lieber ins Freie schicken", so der Rat eines Beleuchtungsfachmannes. Das Licht von True-Lite ist recht hell und kalt.

Der höhere Anschaffungspreis und Energieverbrauch bei allerdings dreifacher Lebensdauer sind nicht unbedingt ein Argument für den Einsatz von True-Lite in Kindertagesstätten.

Energie sparen

Wer Energie sparen möchte, muß zunächst mehr in die entsprechenden Leuchtstofflampen investieren und sich darauf einstellen, daß das Licht kälter wirkt, als bei den herkömmlichen Glühlampen.

Es gibt Energiespar-Leuchtstoffröhren, die elektronische Vorschaltgeräte benötigen. Die sind teurer als herkömmliche Starter, aber dafür ohne radioaktive Substanzen.

Einfacher zu verwenden sind Kompakt-Leuchtstofflampen, die in normale Glühlampenfassungen passen. Die Energieeinsparung beträgt ca. 80 Prozent im Vergleich zur Verwendung von Glühlampen – eine ökonomisch und ökologisch sinnvolle Lösung. (s. auch Umweltbundesamt, S. 70-74)

Alle Leuchtkörper außer den traditionellen Glühbirnen müssen als Sondermüll entsorgt werden!

Vergleich zwischen konventioneller Glühbirne und Energiesparlampe

Konventionelle 100 W-Glühlampe	Energiesparlampe 20 W
Lebensdauer 1.000 Stunden, für 8.000 Stunden braucht man 8 Glühlampen à DM 2,50	aber mit der Helligkeit einer konventionellen 100 W-Glühlampe, Lebensdauer 8.000 Stunden
Kaufpreis DM 20,–	Kaufpreis DM 45,–
Stromkosten DM 200,– 8.000 Std. x 100 W à DM 0,25/kWh	Stromkosten DM 40,– 8.000 Std. x 20 W à DM 0,25/kWh
Gesamtpreis DM 220,–	Gesamtpreis DM 85,–
Ihre Ersparnis	**DM 135,–**

Quelle: Bundeswirtschaftsministerium   Stand: 3/94

Fußböden

Bei einer Grundrenovierung oder beim Neubau einer Kindertagesstätte stellt sich die Frage, welcher Fußbodenbelag sich für die Räume und Flure eignet. Bei der Entscheidung für einen bestimmten Fußboden sollten folgende Gesichtspunkte beachtet werden:
Biologische Unbedenklichkeit, Wärme- und Schalldämmung, Strapazierfähigkeit. Die geläufigsten Beläge in den Kitas sind immer noch aus Kunststoff. Kunststoffböden sind rein synthetisch, d.h. es sind Gemische aus mehr oder weniger chemisch/ giftigen Substanzen. Darum wird PVC seit einigen Jahren bei Neubauten nicht mehr verwandt. Ein beliebter Ersatz ist

• **Linoleum**
Es besteht hauptsächlich aus Leinöl, Naturharz, Kork- oder Holzmehl. Linoleum hat eine Reihe guter baubiologischer Eigenschaften. Es riecht angenehm, ist dauerhaft, strapazierfähig, wärmedämmend und hat eine ausreichende Atmungsfähigkeit. Zur Pflege reichen Neutralseife und lauwarmes Wasser aus. Linoleum erhält man heute in vielen natürlichen Farben und Mustern.

• **Teppichböden**
sollten in Kindertagesstätten nicht vollflächig verlegt werden, da sie schlecht zu reinigen sind und darum vielen Allergikern zu schaffen machen können. Teppichböden auf und unter Spielpodesten erhöhen aber u.E. die Behaglichkeit und den Spielanreiz. Für andere Bereiche im Gruppen- oder Mehrzweckraum empfehlen wir Teppiche aus Naturmaterialien (Ziegenhaar, Schurwolle), die sich gut reinigen und im Bedarfsfall aus dem Raum entfernen lassen. Spezielle Bauteppiche sollten eine möglichst glatte Oberfläche haben, damit sie ihrer Funktion gerecht werden.

• **Holzfußböden**
Holz ist dauerhaft, fußwarm, strapazierfähig und lädt sich elektrostatisch nicht auf. Abgezogene alte Dielen oder auch neu verlegtes Parkett verleihen jedem Raum eine warme Atmosphäre. Bei der Versiegelung der Holzböden sollen die Oberflächenmittel toxikologisch einwandfrei sein. Die Behandlung des Holzes mit Ölen und Wachs ist daher zu empfehlen. Geölte oder gewachste Böden vertragen aber keine starke Beanspruchung z.B. durch Straßenschuhe.

• **Korkböden**
Kork ist ein Naturmaterial, stammt von der Rinde der Korkeiche und ist in seinen Eigenschaften dem Holz ähnlich: es ist schall- und wärmedämmend, fußwarm, antistatisch und sehr strapazierfähig. Auch sein warmer Farbton ist in seiner Ausstrahlung dem Holz sehr ähnlich.

Berichte aus Kindertagesstätten

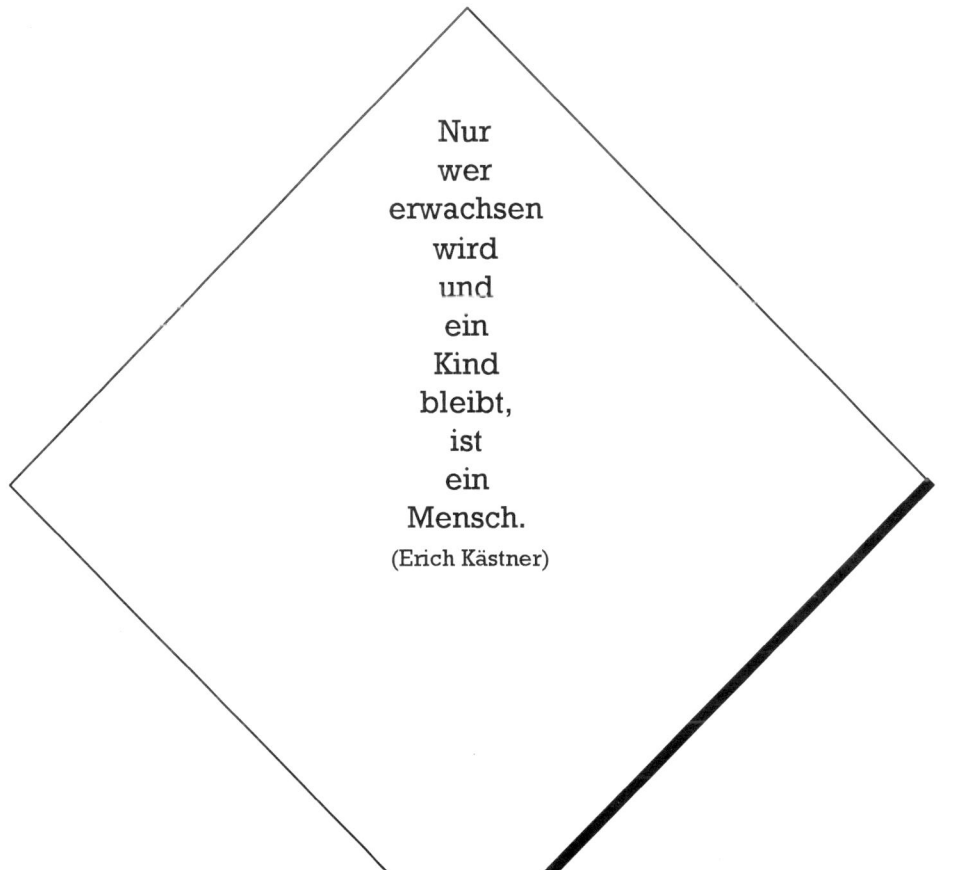

Nur
wer
erwachsen
wird
und
ein
Kind
bleibt,
ist
ein
Mensch.

(Erich Kästner)

Beratung im evangelischen Kindergarten Bad Freienwalde

Räume verändern mit einfachen Mitteln – unter diesem Motto begannen wir einen Beratungsprozeß über mehrere Monate hinweg im evangelischen Kindergarten in Bad Freienwalde. Die Räume sollten mit Hilfe der Eltern, aber auch mit einem finanziellen Zuschuß vom Ministerium für Bildung, Jugend und Sport des Landes Brandenburg (10.000 DM) verändert werden. Wir beschreiben hier, wie wir gemeinsam mit den Mitarbeiterinnen dort Schritte zur Veränderung gefunden haben, um andere zu ermutigen, ähnliche Wege zu gehen.

Unsere ersten Eindrücke

Bei unserem Antrittsbesuch wollten wir uns ein Bild machen von den räumlichen Gegebenheiten, den Mitarbeiterinnen und den Kindern. Außerdem galt es zu besprechen, was für die dreitägige Beratung Mitte Juli nötig sei. Wir reisten aus Berlin mit dem Auto an: durch das verstopfte Pankow über die Autobahn und dann die Landstraße Richtung Bad Freienwalde.

Ein Fest für die Augen begann: blühende Sonnenblumenfelder, Kirschenverkäufer am Wegesrand, weite Alleen, Wälder. Wochenendstimmung mitten in der Woche. Dann Bad Freienwalde, eine ruhige Kleinstadt mit 12.000 Einwohnern in der Nähe der Oder.

Der Kindergarten befindet sich in einem etwa 100 Jahre alten Haus, das am Berghang liegt. Er ist umgeben von einem großen hügeligen Baumgarten mit Sommerhäuschen, Sandfläche, Schaukeln, Blumen und Büschen. Ein holzgeschnitztes buntes Eingangsbild weist uns den Weg: Evangelischer Kindergarten.

Was wir vorfanden

Die Räumlichkeiten

Es werden 35 Kinder in drei Gruppenräumen von drei Erzieherinnen und einer Wirtschaftskraft betreut. Der größte Raum (ca. 30 qm) steht den zehn kleineren Kindern im Alter von zweieinhalb bis vier Jahren zur Verfügung. Er dient außerdem dem täglichen Morgenkreis und den gemeinsamen Feiern. Er liegt – wie der angrenzende Waschraum und die Toiletten – im Erdgeschoß. Ein Teil der Garderobe und das Schuhregal befinden sich aus Platzmangel im Waschraum. Von dem winzigen Flur, der gleichzeitig Garderobe ist, führt eine steile, enge Treppe in den ersten Stock. Hier befinden sich zwei weitere Gruppenräume. Der eine ist ein schmaler, recht dunkler Raum (ca. 17 qm) mit kleiner Ausbuchtung für 11 Kinder im

Alter von vier bis sechs Jahren. Es schließt sich ein heller, L-förmig geschnittener Raum an (ca. 26 qm). Hier spielen, essen und schlafen 14 Kinder im Alter von vier bis sechs Jahren. Eine kleine Teeküche und eine Erwachsenentoilette befinden sich ebenfalls auf dieser Etage.

Die Gruppenräume sind teilweise mit neuen Tischen und Stühlen möbliert. Eine kleine Funktionsecke findet sich in jedem Raum: für Rollenspiele, zum Bauen und für das Puppenspiel. Die Mischung von altem und neuem Mobiliar wirkt angenehm.

Wegen der Raumknappheit möchte die Kirchengemeinde anbauen. Das Raumprogramm und das pädagogische Konzept des alten und neuen Hauses fließen in die Beratungsgespräche mit ein.

Bei der Planung hatten wir zu beachten, daß mögliche Einbauten nach dem An- und Umbau des Kindergartens auch in anderen Gruppenräumen aufgestellt werden können. Alle Veränderungen sollten also mobil und variabel sein.

Die Konzeption

Zwei Mitarbeiterinnen des Kindergartens beschreiben die wichtigsten Bestandteile ihrer Konzeption.

Das Bild vom Kind

Ein Beispiel:
Die letzten Spielsachen werden zusammengeräumt. Es ist Zeit, sich zum Mittagsschlaf vorzubereiten. Die ersten Kinder sind schon im Haus. Nach und nach wird der Spielplatz leerer. Doch so mancher kann sich noch nicht von seiner Spielidee lösen.

Patrick sitzt auf der Schaukel und sein schwungvolles Tun läßt noch nicht auf ein Ende hoffen. „Patrick komm, du mußt nun auch aufhören! Jetzt sind alle Kinder im Haus. Sicher liegen schon einige auf ihrer Liege!" Die Tante schaut erwartungsvoll zu Patrick. Doch Patricks Schaukelbewegung nimmt immer mehr zu.

„Tante, du kannst schon gehen. Ich komme dann nach!" Es ist nicht nötig, noch weiter auf Patrick einzugehen. Die Tante geht ins Haus.

Nach einiger Zeit hört sie die Tür klappen. Patrick kommt mit einem zufriedenen Gesicht ins Zimmer. Gern laßt er sich von der „Einschlafmusik" zum Mittagsschlaf bringen. Er hat problemlos seinen Rhythmus gefunden.

Mit Kindern leben heißt immer selbst ein Stückchen Kind sein, sich einfühlen können in ihre Welt, in das, was in ihnen vorgeht und um sie geschieht.

Kinder wollen ernst genommen werden, da ihr Tun für sie richtig und wichtig ist.

Wenn wir Erwachsenen das doch immer verstehen könnten!

Wir, die wir die Welt aus unserer Sicht sehen, mit unserer Klugheit, mit unseren Erfahrungen.

Mit Kindern leben heißt ihre Bedürfnisse kennen.

- Wenn ein Kind fragt, braucht es eine sinnvolle Antwort!
- Wenn ein Kind weint, braucht es helfenden Trost.
- Wenn es friert, braucht es den schützenden Mantel.
- Wenn es lacht, braucht es das frohe Verständnis.
- Wenn es schläft, braucht es die liebenden Gedanken der Mutter,
  des Vaters.

Diese Sätze von Annette von Bodecker können einfach nicht treffender formuliert werden.

Unsere Kinder sind uns gegeben wie eine kostbare Gabe. Wir sind ihre Behüter und Beschützer und haben sie zu pflegen, daß sie wachsen und gedeihen können.

Kinder brauchen aber auch Grenzen, an denen sie sich festhalten können, die ihnen Richtlinien und Maßstäbe geben. Für sie verständliche Grenzen geben ihnen Sicherheit. Ein immer wiederkehrender Rhythmus schafft Vertrautheit.

Das Gleichgewicht zwischen Selbstbewußtsein und Sich-Einfühlen in die Gemeinschaft wollen wir den Kindern vermitteln. Sie sollen ein Selbstwertgefühl entwickeln, das sie befähigt, das soziale Miteinander positiv zu beeinflussen, ohne sich selbst aufzugeben.

All unser Bemühen ist es, die Kinder zum Leben zu befähigen, indem wir sie ausprobieren lassen, um Erfahrungen zu sammeln.

Mit Kindern leben heißt, nicht stehen zu bleiben. *Eine veränderte Kindheit bedarf auch einer veränderten Pädagogik. Alle Strukturen müssen überdacht und neu geordnet werden, Motor dabei ist das Kind. Auch in unserer Einrichtung hat sich die Pädagogik in den letzten Jahren verändert.*

Wir sind offener geworden.

Eine lockere und offene Atmosphäre kann nur dadurch entstehen, wenn wir selbst unsere Ängste und Zwänge abbauen.

Positiv beeinflußt wurde das durch die veränderte Erzieherkonstellation. Mit neuen Leuten kamen neue Ideen, Erfahrungen in den altbewährten Erzieherstamm.

Neue Möglichkeiten wurden aufgezeigt. Die Bedürfnisse der Kinder wurden in den Mittelpunkt gestellt.

Das Mittun der Eltern war wichtig bei der Veränderung unserer pädagogischen Arbeit. Zum Beispiel eine veränderte Schlafsituation. (Kinder können während der Mittagsruhe aufbleiben.) Erfahrungen der Eltern waren dabei hilfreich.

Auch unser Tagesablauf bekam neue Schwerpunkte. Dem Spiel wird ein sehr großes Gewicht beigemessen. Angebote sowie freies und gelenktes Spiel sind untrennbar miteinander verbunden.

Trotz feststehender Aktionstage muß den Kindern genug Zeit bleiben, sich in kreativen, wie in experimentellen Aktivitäten ausprobieren zu können.

Mit den veränderten Spielinteressen unserer Kinder mußte auch eine veränderte Spielumwelt geschaffen werden. Eine Spielumwelt, die funktionell, kindgerecht aber auch zum Träumen anregend gestaltet sein sollte. Eine Spielanalyse zeigte uns die spezifischen Spielbesonderheiten unserer Kindergruppen. Sie wurden beeinflußt vom Alter, vom Geschlecht und von der Gruppenkonstellation.

Wir merkten, daß Spielmaterialien wenig oder gar nicht genutzt wurden und woanders wieder zu wenig vorhanden waren. Räumliche Möglichkeiten wurden dem Spieldrang der Kinder nicht ausreichend gerecht.

Unsere Räume haben, neben ihrer Spielfunktion auch Eß- und Schlafbedürfnisse zu befriedigen. Es mußte der Platz für Arbeits-, Spiel-, Sitz-, Schlafmöglichkeiten und Abstellfläche effektiver genutzt werden.

Um diese Dinge sinnvoll neu zu ordnen, wollen wir gern die Hilfe von darin erfahrenen Leuten in Anspruch nehmen.

Was macht das Christliche unserer Einrichtung aus?

Die Grundlage unseres Lebens (Mitarbeiter/Träger) ist der christliche Glaube. Da wir uns entschieden haben, in dieser Einrichtung zu arbeiten, ist es für uns eine große Verantwortung, Kindern den christlichen Glauben zu vermitteln, auch aus der Sicht unserer eigenen Verantwortung Gott gegenüber.

Unser religionspädagogisches Handeln zielt darauf ab, Grundhaltungen aufzubauen, die dem Kind helfen, sich einmal in Glaube, Hoffnung und Liebe Gott zuwenden zu können. Diese Hinwendung kann nicht erzwungen werden. Wir können nur den Samen legen, was daraus wächst, liegt nicht in unserer Hand. Entscheidende Rolle spielt dabei auch das Leben in der Familie, deren Auffassung vom Leben und der Religion. Wir versuchen mit unserer Arbeit, die Erziehung in der Familie zu ergänzen.

In unserer pädagogischen Planung beziehen wir uns auch auf christliche Traditionen, Feste und Feiern, biblische Geschichten, christliche Lieder und Gebete.

Ein Beispiel:
Weihnachten heißt für uns Türen öffnen, Wege zueinander finden, Hindernisse überwinden. Gott öffnet eine Tür für uns; die Kinder lieben es, neugierig zu rätseln, was sich hinter verschlossenen Türen verbirgt, Geheimnisse und Überraschungen, die allmählich gelüftet werden. Adventskalender haben viele solcher Türen. Im Alltag und im übertragenen, symbolischen Sinn gibt es viele Türen zueinander, die es zu öffnen lohnt.

Seinen Weg finden, das ist eine Aufgabe für jeden Menschen. Es gibt gerade und gewundene Wege, glatte und steinige, sichtbare und verschüttete Wege, Wegkreuzungen und Wegweiser, Irrwege und Wanderkarten. Auch für Kinder können Lebenswege klar und verworren sein und das gemeinsame Sich-auf-den-Weg-machen ist eine tröstliche Hilfe für den einzelnen.

Wir wollen nicht den Eindruck entstehen lassen, daß Religion ein Sonderbereich im Leben der Kinder ist, der mit dem übrigen Leben nicht viel zu tun hat. Gott muß *mit dem Kind mitwachsen dürfen. Wo gute Energie ist, ist Gott und Gott ist, wo Leben ist. Den alltäglichen Kindergartentag sehen wir von Gott bestimmt und lassen die Kinder erfahren, daß sie selbst diesem Tag den Inhalt geben. Durch Erlebnisse und Erfahrungen in Familie, Kindergarten und Gemeinde wollen wir den Kindern Glauben nahe bringen. Doch die wichtigste Grundvoraussetzung all unserer religions-pädagogischen Ziele ist unsere eigene Vorbildwirkung. Wir sind für die Kinder diejenigen, die von Gott wissen. All unsere Äußerungen, unser Handeln, Verhalten und Tun wird von den Kindern gemessen. Deshalb ist unsere gesamte Arbeit nicht losgelöst von unserer Persönlichkeit, unseren eigenen Lebenszielen.*

Täglich treffen wir uns alle im Morgenkreis. Hier erzählen wir biblische Geschich-ten, feiern die Geburtstage der Kinder und ErzieherInnen, singen Lieder und sprechen über wichtige gemeinsame Vorhaben. Das Schaffen einer Atmosphäre, die dem Kind Sicherheit, Vertrautheit und Achtung vermittelt, ist unser größtes Anliegen. Nur in solchem Umfeld kann Glaube wachsen.

Das Lebensbild entsteht beim Kind durch seine inneren Empfindungen, die äußerlichen Einwirkungen, Erfahrungen und die Atmosphäre. Das Kind setzt dieses wie ein Puzzle zusammen. Innen wirken und außen sichtbar werden lassen – das ist für uns Religionspädagogik.

Bärbel Mietzelfeld, Katrin Michaelis

Wege zur Veränderung

Die Fortbildung und Beratung im Juli: Drei Tage lang im Team über den eigenen pädagogischen Alltag nachzudenken, sich anregen zu lassen, zu diskutieren, Veränderungen zu planen – das war etwas Neues und Ungewöhnliches für die drei Mitarbeiterinnen. Zwei Tage lang wurden die Kinder von einem Notdienst betreut, der dritte Tag war ein Samstag.

Wie ein roter Faden zog sich ein Gedicht von Jörg Zink durch die Beratung. Wir entdeckten es in einem Buch von Annette v. Bodecker („Das spielende Kind in seinen Lebensräumen"). Die Leiterin hatte es mitgebracht, weil sich dort viele Ideen und pädagogische Grundsätze wiederfinden, die dieses Team bewegen.

> Rings um uns wandelt sich alles
> und wir werden glücklich sein
> wenn wir uns dem Gesetz der Wandlungen
> überlassen.
> Niemand bleibt, wie er ist
> und nichts bleibt um uns her.
> Und wer festhalten will, was jetzt ist,
> wird das Glück verlieren.

Diese Gedanken verbanden uns Beraterinnen aus dem Westteil Berlins und die Erzieherinnen aus Bad Freienwalde.

Es gibt verschiedene Methoden, sich darüber klar zu werden, was das eigene pädagogische Handeln leitet und bestimmt. Einig sind sich alle, daß die Bedürfnisse der Kinder maßgebend sein sollen. Wir schlagen vor, sich die Bedürfnisse der Kinder anhand der eigenen Erfahrungen und Erinnerungen bewußt zu machen.

Darum reisen wir in unsere Vergangenheit:

Ein Lichtstrahl führt uns 20-30 Jahre zurück in die Kindheit. Wir sind im Elternhaus, erinnern uns der Eltern, Geschwister, Freunde, wir sehen und riechen die einzelnen Zimmer; der Kindergarten mit den Erzieherinnen und Räumen kommt uns wieder in den Sinn; Spiele und Vorlieben werden lebendig, war etwas verboten? Gab es Heimlichkeiten? Mit wem gab es Streit? Worum? Was faszinierte besonders? Welches Spielzeug gab es?

Wir verweilen ein wenig in der Vergangenheit und tauschen die Erinnerungen aus:
• Es wurde fast nur draußen gespielt mit Stöcken, Brettern, Kienäpfeln, Moos, im Wald. Die Erwachsenen waren in der Nähe, ließen die Kinder aber für sich.
• Wasser hatte eine ganz besondere Faszination: Modderpampe, Schwimmen, Schlittschuhlaufen.
• Drinnen wurde gemalt, mit Puppen gespielt. Gesellschaftsspiele mit anderen gemacht, sich verkleidet.

Ein Arbeitspapier, das solche Erfahrungen und Bedürfnisse von Kindern zusammenfaßt (aus: Mahlke. Der evangelische Kindergarten – Lebensraum für Kinder), wird erweiternd und vertiefend hinzugezogen und besprochen, bevor auf konkrete Fragen der Raumgestaltung eingegangen wird.

Dia-Serie: Konzeption und Raumgestaltung

Um den Blick zu weiten und zu sehen, wie es in anderen Kindertagesstätten aussieht, schauen wir Dias an. Sie führen uns nach der gründlichen Einstimmung zunächst an sehr unterschiedliche Orte: in Kirchen, in Behördenflure, Wohnzimmer. Wie fühle ich mich hier? Was strahlen die Räume aus? Wie ist die Atmosphäre?
Erst dann folgen viele Aufnahmen von Kindertagesstätten aus Berlin, Hessen und Italien.
Es werden traditionelle Räume mit Tischen, Stühlen, Liegen und Schränken gezeigt, bunt und uneinheitlich. Dem werden Beispiele räumlich interessant gestalteter Kitas gegenübergestellt. Die Dia-Serie gibt Anregungen und lädt ein zum Diskutieren, Nachahmen und Weiterentwickeln.

Besuch in zwei Berliner Kindertagesstätten

Im nächsten Schritt wird der Blick durch eigenes Erleben und Beobachten geschärft. Wir besuchen eine große Einrichtung mit Krippen- und Hortabteilung und eine kleine altersgemischte Kita mit Behindertenintegration. Die Konzeptionen der beiden Kitas mit ihren Besonderheiten regt die Diskussion innerhalb des Teams an.

Zettelspaziergang

Jede Erzieherin bekommt einen Stapel Notizzettel, Filzer und Klebeband. Sie geht damit in Ruhe in ihren Gruppenraum und besieht sich ihn unter der Fragestellung:
Was soll so bleiben, wie es ist?
Was möchte ich verändern? (vielleicht schon: wie?)
Sie schreibt alle Ideen und Vorschläge auf die Notizzettel und hängt diese an den jeweiligen Ort. Danach geht sie durch alle anderen Räume und ergänzt die Anregungen und Wünsche der Kolleginnen aus ihrer Sicht.

Zur Anregung: Es gibt noch eine andere Methode des Zettelspaziergangs. Erzieherinnen gehen durch ihren Raum mit den Augen eines Kindes, einer Mutter, einer Kollegin, eines Trägervertreters. Wie empfinden die einzelnen Menschen den Raum? Wozu regt er an? Was verhindert er? Diese Methode kann eine intensive Diskussion über pädagogische Leitlinien eröffnen.

Veränderungen nehmen Gestalt an

Viele Gedanken zur pädagogischen Konzeption gibt es und gute Vorüberlegungen zur Umgestaltung der Räume. Was soll nun genau mit einfachen Mitteln verändert werden? Wie sollen beide Aspekte berücksichtigt werden, die Bedürfnisse des einzelnen Kindes und der Raumbedarf für die Gesamtgruppe?

Angesichts der sehr engen Räume in Bad Freienwalde sind wir wieder bei der gewohnten Quadratur des Kreises. Nicht alle Bedürfnisse sind gleichermaßen zu befriedigen, es müssen vorhandene Strukturen genutzt und Prioritäten gesetzt werden.

Orte für das Gruppengeschehen haben wir leicht finden können. Der große runde Tisch im größten Gruppenraum mit vielen Stühlen – hier findet jeden Tag der Morgenkreis für alle statt. An der Wand ein schlichtes Holzkreuz und Bilder zum Thema, das gerade ‚dran‘ ist. Ein kleiner Wandklapptisch wird geplant, mal als Ausstellungstisch zu benutzen oder auch als Altar. Wenn der Platz anderweitig gebraucht wird, verschwindet der Tisch an der Wand.

Tische für Gruppenspiele und das gemeinsame Mittagessen sind in allen drei Gruppenräumen vorhanden.

Von dieser Ausgangssituation ausgehend haben sich die gemeinsam erarbeiteten Veränderungsvorschläge eher auf die Bedürfnisse des einzelnen Kindes konzentriert und auf die Möglichkeit, daß kleine Kindergruppen selbständig etwas tun können.

Da es den Leserinnen und Lesern schwerfallen wird, sich die einzelnen Räume und Gegebenheiten vorzustellen, sortieren wir die Veränderungsvorschläge nach den sechs Bereichen, die auch schon im allgemeinen Teil als Struktur unseren Vorschlägen zugrunde liegen

Sich begegnen

Im engen Flur gibt es eine Informationstafel für Eltern, Fotos aus dem Leben im Kindergarten und Werke der Kinder, die sich entlang der steilen Holztreppe in den oberen Stock ziehen. Die freundlich weißen Rauhfasertapeten bilden dafür einen geeigneten Hintergrund. Es fehlt allerdings Platz für eine ausreichend große Garderobe, wo auch einmal beim Abholen der Kinder ein Gespräch unter Eltern stattfinden kann.

Es gibt weder einen Personalraum noch ein Büro: Akten sind oben in der Küche, das Telefon unten im Waschraum. Gründe genug für einen Anbau. Bis dahin ist Improvisation gefragt, es sind aber auch viele Anlässe geboten für ein lebendiges Miteinander.

Im unteren Gruppenraum findet täglich der Morgenkreis statt, ein wichtiger Ort der Begegnung. In dieser Gruppe werden auch Zweijährige aufgenommen. Es soll dort möglich sein, den Kindern im Gruppenraum neue Windeln anzulegen. Dazu ist ein

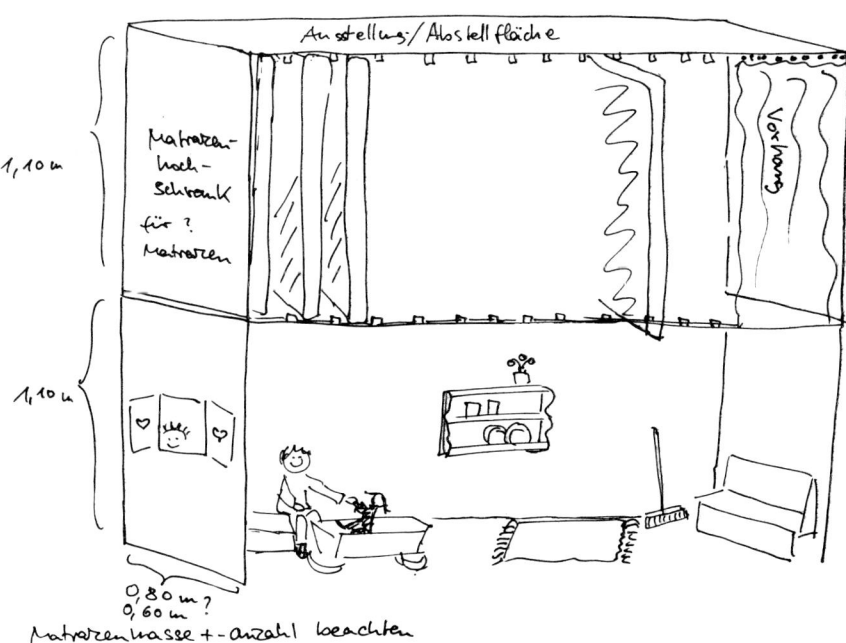

Regal geplant mit Kästen für Wechselwäsche und Wickelutensilien. Der untere Bereich in Kinderhöhe soll das Puppenhaus beherbergen.

Der Bettenschrank wird umfunktioniert als Ecke, in der Kinder mit kleinen Möbeln und Haushaltsgeräten ihre Rollenspiele machen können – ein Haus im Haus. Die kleinen Möbel sind nicht neu, nur anders angeordnet. Und schon entwickeln die Kinder ein anderes, sehr intensives Spielverhalten in kleinen Gruppen mit wechselnden Rollen.

Ruhe und seinen Platz finden

Bei den Gesprächen darüber, was Räume ausstrahlen, kamen wir auf die Frage der Harmonie und Farbgebung. Es wurde beschlossen, daß jeder Gruppenraum zu den ohnehin vorhandenen weißen Wänden (Rauhfasertapete) und dem warmen Holzton der Möbel zwei zusammenpassende Grundfarben erhalten sollte, so daß die Räume eher eine in sich geschlossene Harmonie und Ruhe ausstrahlen. Für einen Raum wurde weiches Orange und ein warmes Gelb gewählt, ein anderer sollte taubenblau und gelb werden; im dritten Gruppenraum soll vorhandenes Grün durch weitere milde Grüntöne und ebenfalls mit dem warmen Gelbton ergänzt werden. Bei der Auswahl der Farben hielten wir gleich Beispiele dafür fest, welcher Ton denn nun gemeint sei: hier die Keksdose, dort eine Papiertüte.

So sollten spätere Verständigungsschwierigkeiten über Farbnuancen vermieden werden. Bei der technischen Umsetzung sollte es dennoch Schwierigkeiten geben: Wer weiß schon, daß schwarz und weiß in den Farbtopf müssen, um taubenblau zu erhalten?

Das einzelne Kind soll seinen Platz finden im Kindergarten. Dazu brauchen Kinder einen Ort für sich, ein Fach, wo sie ihre Schätze unterbringen können; Fundsachen vom Spaziergang oder eine wichtige Erinnerung. In der Garderobe ist dafür kein Platz. In den Gruppenräumen soll jedes Kind in einem offenen Regal einen Schuhkarton erhalten, der von den Kindern selbst innen und außen als persönliche Schatzkiste gestaltet wird.

In allen drei Gruppenräumen werden Nischen und Höhlen geplant, wo Kleingruppen selbständig und ungestört für sich spielen können.

Im größten Raum (30 qm) entsteht ein etwa 30 cm hohes Podest, das mit Teppichboden belegt als Platz zum Schlafen auf Matratzen dienen soll, sonst wird darauf gesessen, gebaut, gespielt. Ein Teil in der Ecke neben dem Fenster wird von einer zweiten Ebene überbaut, so daß oben und unten Spiel-, Schlaf- und Versteckmöglichkeiten entstehen. Unter das Podest werden Spielzeugkisten auf Rollen geschoben. Das ersetzt platzraubende Schränke.

Im oberen Zimmer (26 qm) soll vor dem Fenster eine Verkleidungsecke Platz finden und am Ofen eine Kuschelecke mit Polstern und Kissen. Ein Baldachin mit Vorhang schützt Kinder vor neugierigen Blicken.

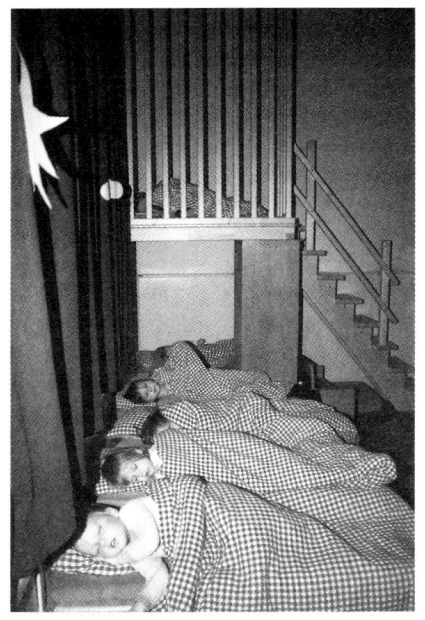

Eine abgerundete Arbeitsplatte für vier bis fünf Kinder an der Fensterwand macht einen anderen Tisch überflüssig und bietet einen ruhigen Ort zum Essen, Arbeiten und Spielen.

Das kleinste Zimmer (17 qm) erhält eine Hängematte und einen Stoffbaldachin, die den Hauptteil des Raumes von einer ruhigen Ecke trennen sollen. Dort können

Kinder sich auf neu bezogenen Matratzen zurückziehen, Bücher sind dort zu finden, Kasperfiguren und man kann sogar in eine Schrankhöhle hineinkriechen.

In einer anderen Ecke wird unterm Fenster ein Baupodest gebaut – für ruhiges Spiel in kleinen Gruppen.

Experimentieren

Spiel- und Bastelmaterial wird für die Kinder leichter erreichbar und übersichtlich angeordnet. Schranktüren werden entfernt, Material ausgewechselt und ergänzt. So frei und selbständig, wie die Kinder sich auf dem großen unübersichtlichen Außengelände bewegen können, so brauchen sie auch im Raum ausreichend Gelegenheit für eigene Erfahrungen.

Der Waschraum wird auch in diesem Sinn umgestaltet:
- Spiegelkacheln an unterschiedlichen Stellen
- über den Handwaschbecken der Kinder ein Brett, auf dem ein Wassermuseum Dinge zum
- Anschauen zeigt, die mit Wasser zu tun haben, Muscheln und abgeschliffene Steine zum Beispiel und Gegenstände, die zum Experimentieren mit Wasser einladen: Trichter und Schläuche, Becher und ein Wasserrad.
- Der Raum soll in Blau- und Grüntönen gehalten werden.
- Ein Fischernetz hängt von der Decke.
- Ein Vorhang zum Toilettenbereich hin aus Plastikschläuchen gefüllt mit kleinen Schätzen, Glimmer und gefärbtem Wasser sind ein schöner Blickfang.
- Trennwände zwischen den Kindertoiletten: Holzrahmen, die mit selbstklebender Klarsichtfolie bespannt sind; die Folie umschließt Herbstblätter und andere schöne Dinge, Federn und Gräser...

Verändern

Es verändert sich vieles in diesem Kindergarten, wenn man sich dafür Zeit nimmt und mit anderen Augen hinschaut. Der Waschraum gehört ebenso dazu wie das große Podest, die Verkleidungsecke und ein Klapptisch im kleinsten Gruppenraum: Mit wenigen Handgriffen kann ein Tisch zum Essen, Arbeiten und Spielen an die Wand geklappt werden. Die Bau- und Spielfläche auf dem Boden wird dadurch erweitert. Die Unterseite des Tisches ist mit Spiegelfolie beklebt, so daß der nach oben geklappte Tisch gleichzeitig ein Zerrspiegel an der Wand ist. Er vergrößert den Raum optisch und spiegelt Lichtreflexe wider.

Bei der Raumknappheit in diesem Kindergarten können zwei Bereiche nur unzureichend berücksichtigt werden: Der Platz für kreativen Ausdruck ist eng bemessen. Als Ausstellungsfläche bleibt nur die winzige Flurgarderobe und die steile Treppe nach oben. Ausdrucksmöglichkeiten bieten die beiden Kaspertheater, oben in der Ruheecke und unten im Türrahmen zwischen Gruppenraum und Flur. Ein Kinderatelier bleibt vorerst ein Traum oder muß ins Gartenhäuschen verlagert werden.

Viel Platz für Darstellung und Ausdruck wird den Kindern mit Aufmerksamkeit und Worten während des Morgenkreises gegeben, das läßt sich nicht mit Quadratmetern und Platzbedarf bemessen.

Bewegung

So eng der Kindergarten ist in seinen alten Gemäuern, so groß und vielseitig ist das Außengelände: Bewegung findet vorrangig draußen statt. Im Haus selbst gibt es dafür wenig ‚Spielraum'. Die steile Treppe ist für kleinere und auch größere Kinder sicherlich bei aller Schwierigkeit eine Herausforderung an die Schulung der Sinne und an die Entwicklung der Selbständigkeit. Auch das Podest im unteren Raum mit der Möglichkeit, den Raum von unterschiedlichen Ebenen aus wahrzunehmen, bietet eine Möglichkeit zum Klettern. Die neue Hängematte ist ein beliebter Ort zum Schaukeln.

Im geplanten Anbau soll ein Veranstaltungsraum für die Gemeinde mit einem Bewegungsraum für die Kinder kombiniert werden. Bis dahin heißt es im Winter weiterhin: „Mütze auf, Jacke an und raus..."

Aktivitäten der Eltern und Erzieherinnen

Trotz der „Finanzspritze" des Ministeriums konnten nicht alle gewünschten Veränderungen einfach per Katalog oder im Geschäft gekauft werden. Das meiste mußte in Eigenarbeit angefertigt werden. Es galt die Devise: Ärmel aufkrempeln und zupacken. Fast zwei Drittel der Elternschaft war am Veränderungsprozeß in irgendeiner Weise beteiligt. – Einige opferten ihr Wochenende, um Tapeten abzureißen, neue anzukleben und zu streichen –. Ein Vater (von Beruf Tischler) fertigte alle Podeste, den halbrunden Tisch und den Klapptisch zum Sonderpreis an. – Ein Lieferwagen brachte einen nagelneuen Teppich als anonyme Elternspende. – Eine Mutter färbte Seide ein und nähte daraus Baldachine. Dabei entstanden intensive Kontakte zwischen einzelnen Eltern, aber auch zwischen Eltern und Mitarbeiterinnen des Kindergartens.

Die Erzieherinnen hatten Spaß dabei, die Veränderungen zu planen, aber natürlich auch Arbeit damit, zu motivieren, zu koordinieren, Vorbereitungen zu treffen, hier einen Kaffee und dort eine Suppe zu kochen. Wie ist es ihnen gelungen, die Eltern zu so intensiver Mitarbeit zu bewegen? Auf einem Elternabend nach der Sommerpause war auch für neue Eltern zunächst die Konzeption des Kindergartens wichtig und das Bild vom Kind, das die pädagogische Arbeit bestimmt. Es wurde von den Bedürfnissen der Kinder gesprochen und wie wir selbst während der Beratung unsere eigenen Kindheitserinnerungen hervorholten. Danach wurden die Ergebnisse der Beratung zu den räumlichen Veränderungen vorgestellt. Die Mitarbeiterinnen führten die Eltern durch alle Räume, um vor Ort die geplanten Veränderungen zu zeigen. Skizzen halfen, sich das Gewünschte vorzustellen. Es wurde deutlich, wenn jeder einen Teil übernimmt, werden die Pläne realisierbar. Die ersten Termine wurden gemacht und viele weitere folgten...

Ohne den tatkräftigen Einsatz der Eltern und Erzieherinnen wären die meisten der geplanten Veränderungen vermutlich heute noch Luftschlösser.

Rückblick und Ausblick

Trotz aller Belastungen, die die umfangreichen Renovierungs- und Gestaltungsarbeiten erforderten, hat es sich für die Mitarbeiterinnen und natürlich für Kinder und Eltern des Kindergartens gelohnt, sich mit uns auf den Veränderungsprozeß einzulassen.

„Ich hätte nie gedacht, daß wir auf so viele Ideen kommen."

„Ich hätte nie gedacht, daß wir uns so einigen können. Jeder hat für den anderen mitgedacht, das war ganz doll schön."

„Daß jede von uns sich die Zeit nehmen konnte beim Zettelspaziergang, sich allein ihren Raum anzugucken und zu planen, das war gut."

Es braucht viel Zeit, die richtigen Veränderungen zu planen und noch mehr Zeit, um sie während des laufenden Betriebes neben allen anderen Aktivitäten durchzuführen.

Die Kinder brauchen nicht viel Zeit, sich an das Neue zu gewöhnen. Sehr schnell haben sie die eine oder die andere neue Spielmöglichkeit erobert und der Prozeß der Veränderung geht immer noch weiter...

Konrad Zaiss

Lebens-Raum im Plattenbau

Exemplarische Kita-Raumgestaltung mit Erzieherinnen

In der Vorweihnachtswoche 1994 beschäftigte sich die Hälfte der Erzieherinnen und die Leiterin der DRK-Kindertagesstätte Hoher Weg in Werder/Havel mit der räumlichen Situation ihrer Einrichtung. Der Plattenbau bietet Platz für ca. 200 Kinder im Krippen- und Kindergartenalter. Die Gruppenräume haben eine Fensterfront in südöstlicher Richtung, einen rechteckigen Grundriß und sind jeweils zu zweit mit der Nachbargruppe durch eine Tür verbunden. Gemeinsam mit der Nachbargruppe wird ein Waschraum, die Garderobe und ein Vorraum geteilt.

Die Ausstattung besteht aus DDR-Möbeln und „Sammelstücken" von Erzieherinnen, Eltern und Freunden des Hauses.

Die Raumgestaltung war bis zur Fortbildung beeinflußt von DDR-Raumgestaltungs-Prinzipien:

*   Möbel an der Wand entlang gereiht
*   rechtwinklige Ausrichtung aller Einrichtungsgegenstände.

Die als unbefriedigend empfundene räumliche Situation hatte die Erzieherinnen bereits zu Veränderungen durch Wandgemälde, vielfältige Ausstattung mit Pflanzen in fast allen Räumen und jahreszeitlicher Dekorationen animiert. Daß sie trotzdem nicht glücklich mit der vorgegebenen Situation waren, war der Anlaß der einwöchigen Fortbildung.

Der erste Tag

Ein „Wessi" saß im bekannten Kreis – und sagte *nicht*, wie die Räume kindgerecht zu gestalten seien. Statt dessen ließ er zur Vorstellungsrunde die Erzieherinnen aufschreiben, welche Einrichtungsgegenstände in der eigenen Wohnung ihnen am wichtigsten sind. Etwas überrascht waren die meisten, daß das Bett das Rennen machte, vor Sofa/Sessel, Teppich, Fernseher und Musikanlage.

Als Zusammenfassung kam dabei heraus, daß ein Lebens-Raum gemütlich sein muß.

Erwartungen an die Fortbildung

Die anfangs formulierten Erwartungen der Erzieherinnen an die Fortbildung waren noch nicht sehr entwickelt:

*   Möbel anders stellen?
*   Spielgerechte Aufstellung und Nutzung der Einrichtungsgegenstände
*   Bessere Zugänglichkeit der Materialien für Kinder
*   Funktion von Räumen überdenken

Bekannte Räume (neu) er-leben

Zur Aktivierung der eigenen Fähigkeiten und zur Erweiterung des Bewußtseins bzw. Wissens wurden Spiele gemacht, die die Wahrnehmung auf jeweils ein Sinnesorgan fokussieren sollten:

• „Filmen" der bekannten Räume mit gesprochenem Kommentar: Durch Papprollen unterschiedlicher Längen und Durchmesser (u. a. Klorollen) wurde der bekannte Raum genauestens in Ausdehnung und Details „gefilmt", damit der Blick auf das eigentlich bekannte neu geöffnet Mit Lupen wurden schließlich sogar winzige Details im wahrsten Sinne des Wortes „unter die Lupe genommen". Der dazu gesprochene Kommentar der „Kamerafrau" war Basis der Kommunikation mit der begleitenden „Kameraassistentin".

• Das Ohr wurde geöffnet durch Partnerinnenführung mit Klanginstrumenten, wobei jeweils die Geführte die Augen geschlossen hatte. Für viele Erzieherinnen war es das erste Mal, daß sie einen Raum bewußt über Geräusche und ihre Reflexion von Wänden, Decken und Gegenständen wahrnahmen.

• Mittels „Blindenführung" wurde im wahrsten Sinne des Wortes die Möglichkeit gegeben, Raum zu be-greifen. Dies war eine sehr intensive Chance, sich selbst im Raum zu erleben, für manche angstauslösend, bei den meisten insbesondere beim Hoch- und Runtergehen Unsicherheit erzeugend. Auch das gezielte (von der Partnerin initiierte) Erlebnis des Betastens bestimmter – eigentlich bekannter – Gegenstände erzeugte Unsicherheit. Geräusche wurden noch intensiver erlebt als bei der Führung mit Klanginstrumenten. Besonders überraschend war für viele die Hell-dunkel-Unterscheidung durch die geschlossenen Augen – zum Teil bewußter als mit offenen Augen.

Raumdimensionen und -qualitäten

Zur Erfahrung der vertikalen Raumdimension wurde in drei verschiedenen Gruppen aus jeweils mindesten vier vorfindbaren Einrichtungsgegenständen ein sicherer Turm gebaut, der einen neuen Über-blick über den Raum ermöglichen sollte.

Während diese Übung noch mit sehr vielen Unsicherheiten verbunden war, wurde der „Flohsprung" von Tennisbällen aus Wolldecken an die Raumdecke, von gewohnter Basis (Bodenhaftung) aus mit großer Begeisterung gespielt, die Vertikale als aktivierend erlebt.

Raumqualitäten konnten die Erzieherinnen besonders intensiv miterleben, indem sie einen Luftballon auf Entdeckungsreise schickten.

Dies alles war Voraussetzung, Räume als komplexe Lebensbereiche in quantitativer und qualitativer Hinsicht zu er-leben und zu verstehen.

Als theoretische Erkenntnis kam hinzu, daß Raumerfahrungen im menschlichen Hirn festgehalten und miteinander vernetzt werden, verknüpft mit den Erfahrungen, die bestimmte Handlungsweisen in bestimmten Räumen eröffneten, als Voraussetzung für künftige Handlungsmöglichkeiten.

Daß Räume einen erheblichen pädagogischen Faktor darstellen, läßt sich insbesondere festmachen an folgenden Punkten:

- Die Entwicklungstatsache, d. h. das Wachsen der Kinder geschieht in ständigen Handlungen, die in Raum und Zeit stattfinden und von den Voraussetzungen wesentlich mit bestimmt werden. Kinder, die räumlich eingeengt bzw. beschränkt werden, können dadurch in ihrer Entwicklung gestört oder sogar behindert werden.
- Die Auseinandersetzung mit bzw. das Lernen durch (Raum-)Gestaltung hat Bedeutung für das Erleben der eigenen Persönlichkeit, den Umgang mit anderen Menschen und mit gestalteten wie natürlichen Räumen. Daß die Begegnung ,mit anderen Menschen in beengten Räumen angst- und aggressionsfördernd wirkt, ist psychologisch und soziologisch hinreichend belegt.

Raumbesichtigung

Was bieten die vorhandenen Räumlichkeiten und Einrichtungsgegenstände Kindern, Eltern und Erzieherinnen – was bieten sie nicht? Mit dieser Fragestellung wurden Vorräume, Waschräume, Gruppenräume, Garderoben und der Erzieherinnenraum gemeinsam begutachtet. Erfreulicherweise war dies unter rein fachlichen Überlegungen ohne jede Schuldzuweisung an die „verantwortlichen" Erzieherinnen möglich.

Sehr schnell entwickelten sich aus Gesprächen vor Ort Ideen und Überlegungen, wie mit kleinen Mitteln die jeweiligen Räume attraktiver gestaltet werden könnten. Spontan gab es plötzlich auch eine Tauschbörse nach dem Prinzip: „Ich brauch diesen Schrank nicht mehr. Willst Du den haben? Ich hätte gern die und die Blume dafür."

Aus der Erfahrung, daß Eltern sich in dem mit einem Sofa ausgestatteten Vorraum mit niedrigem Tisch gerne auch noch eine Weile niederlassen und miteinander unterhalten, verglichen mit dem „Fluchtverhalten" in einem anderen Vorraum, wurden die jeweilige Aufenthaltsqualität für Eltern besprochen und spontan erste Umstellungen von Einrichtungsgegenständen vorgenommen. Weitere Überlegungen waren, die Beine der vorhandenen Tische zu kürzen, mehr Blumen im Vorraum wuchern zu lassen, eine Lampe in eine Ecke und Dekoration an einem Türrahmren anzubringen. Unter anderem auf den Kindertoiletten sitzend, hielten sich die Erzieherinnen sehr lange in einem Waschraum auf, der von allen als sehr häßlich empfunden wurde. Neben der naheliegenden Überlegung, durch eine verbesserte Sichtblende für die Toiletten dem Bedürfnis der Kinder nach Intimität ihres jeweiligen „Geschäfts" Rechnung zu tragen, entwickelten sich Überlegungen, diesen Raum entsprechend seiner Möglichkeiten vielfältiger zu nutzen und angenehmer zu gestalten:

- Die nicht mehr benötigte Wickelplatte tiefer zu setzen als   Arbeitsbereich für Töpferarbeiten
- Die Duschwanne, die ebenfalls nicht mehr benötigt wird, für Fingerfarben- und Wasserspiele zu nutzen

- Töpfe für Grünpflanzen zwischen Wasserleitungen zu befestigen
- einen Maltisch aufzustellen.

Neben der Erhöhung der Attraktivität durch die Grünpflanzen wurde an eine Verbesserung der farblichen Gestaltung (bis dahin grau-beige) und eine Verschönerung der weißen Fliesen gedacht.

Der Videofilm „Räume gestalten" weckte weitere Ideen zur Veränderung der Räumlichkeiten, obwohl die dort geschilderten Bedingungen im Vergleich zur gegebenen Situation als traumhaft erschienen.

Raumplanung

Zentraler Bereich aller Aktivitäten in der Kita ist der jeweilige Gruppenraum. Insofern lag es nahe, einen Gruppenraum exemplarisch den festgestellten Bedürfnissen entsprechend umzugestalten.

Mühselig wurden sämtliche Einrichtungsgegenstände ausgemessen, im Maßstab 1:10 aus Farbpapier ausgeschnitten und auf einem maßstabsgerechten Grundriß hin und her geschoben.

Eine temperamentvolle Diskussion entwickelte sich über die beste Aufstellung der Tische:

- Welchen Funktionen müssen sie dienen?
- Wodurch entsteht am ehesten Ruhe bzw. Unruhe?
- Wie ist die sinnvollste Orientierung zur Sonne (Ausrichtung nach Süden bedeutete Schrägstellung im Vergleich zur Fensterausrichtung)?
- Wie ist die Tischaufstellung in Zusammenhang mit dem Mittagessen am günstigsten?

Dabei wurde die Einschätzung geäußert, daß das bei Hortkindern übliche ständige Umräumen der Tische für die Kindergartenkinder zu mühselig wäre.

Wesentliche Bedeutung hatte auch die Plazierung der Teppiche, weil sie ruhigere Bereiche markieren. Wie diese am günstigsten abgetrennt werden könnten von Bereichen, in denen ein hohes Maß an Aktivitäten zu erwarten ist, wurde durch Hin- und Herschieben von Möbeln auf dem Maßstabpapier ausprobiert und diskutiert. Dabei flossen über die aktuelle Ausstattung hinausgehende Ideen in Form von Modellmöbeln einer Kindergarteneinrichtungsfirma (Podeste, Paravents, Raumteiler) mit ein. Die Gitter ausgemusterter Kinderbetten wurden in die Überlegung zur Schaffung eines flexiblen, an einer Wand verankerten Zaunes oder Paravents einbezogen.

Daß Malen mit unterschiedlichen Materialien in den Waschraum verlagert werden könnte, war bereits bei der Besichtigung klar geworden. Nun kam als Überlegung hinzu, Frisieren und Schminken bzw. Bauen z. T. in den Vorraum zu verlagern.

Spannend wurde es, als die Ideen bei einem probeweisen Umräumen in die Tat umgesetzt wurden: Weitere Ideen entwickelten sich, die Diskussion wurde noch lebhafter als am Modell. Kurz vor dem Abholen griffen auch die Kinder ins Geschehen ein.

Die Bedeutung und Wirkung von Farbe und Farbabstufungen wurde durch den Film „Raum entdecken und darstellen" bewußt. Gegebene Farbakzentuierungen in zwei Gruppenräumen wurden probeweise verändert und weitere Überlegungen angestellt, die aufgrund des gerade erfolgten Anstrichs nur bedingt (z. B. durch Fotokarton) realisiert werden können.

Raumgliederungsmöglichkeiten unter Nutzung des natürlichen Lichtes und Einsatz des vorhandenen Kunstlichtes wurden durch Umstellen von Möbeln, Anbringen von Vorhängen, Aufhängen eines Schwungtuches als Baldachin, Anbringen einer Alufolie als Spiegelfolie, etc. bewußt. Daraus ergeben sich z. T. beruhigende z. T. anregendere Raumbereiche, die die Kinder bei einer Besichtigung sehr bejahten und aktiv nutzten.

Um das Licht-Schatten-Gliederungsprinzip persönlich erfahren zu können, wurden die probeweise geschaffenen Ecken, Nischen und Schummerräume für eine Tennisballmassage mit Musikbegleitung genutzt.

Praktische Umsetzung

Hausmeister sind in Kindertagesstätten wichtige Personen, ohne die keine Veränderung geht. Der Hausmeister am Hohen Weg in Werder erklärte sich sofort bereit, bei der praktischen Umsetzung der vielen Ideen zu helfen und verband – als erstes – zwei Möbelstücke miteinander, wie von den Erzieherinnen gewünscht.

Der Keller erwies sich zwar nicht gerade als Fundgrube, es ließen sich aber einige Gegenstände finden, die z. B. für Raumteilung, als an der Wand befestigter Klapptisch, als Maltisch oder Gruppenraumrutsche Verwendung finden konnten.

Kooperation

Der letzte Tag diente dazu, die absehbaren künftigen Raumgestaltungsprozesse zu strukturieren. Dabei hat sich eine Zusammenarbeit zwischen benachbarten Gruppen ergeben. Sie betraf sowohl die Gestaltung gemeinsam genutzter Räume z. B. Vorraum und Waschraum, aber auch eine inhaltliche Schwerpunktsetzung in den jeweiligen Gruppenräumen. Beide Erzieherinnen waren sich einig, den Raum im vertikalen Bereich stärker zu nutzen. Unter dem Gesichtspunkt einer größeren Zahl sehr aktiver Jungen in der einen Gruppe und eher auf besinnliche Tätigkeiten orientierte Mädchen in der anderen Gruppe wurde geklärt, daß in einem Gruppenraum Strickleiter und Hangeltau an der Decke in einer relativ störungsfreien Raumecke befestigt werden sollten, im anderen ein Baldachin an der Decke und eine Hängematte in einer Raumecke an den Wänden.

Arbeitsplan

Unter Berücksichtigung der weiterlaufenden pädagogischen Arbeit mit den Kindern wurden die mittlerweile aufgelisteten Veränderungswünsche – wiederum exemplarisch für die beiden Gruppenräume – in einen zeitlichen Ablauf gebracht.

D. h. es wurde festgelegt, welche Aufgaben von wem bis zu welchem Zeitpunkt erledigt werden sollten. Wichtig war dabei die Überlegung, sich selbst mit zu engen Zeitvorgaben nicht zu überfordern, um nicht zusätzlich zum Alltagsdruck eine weitere Belastung verkraften zu müssen. Als Planungszeitraum war das zweite Kindergarten-Halbjahr vorgersehen; weitere Ideen wurden auf eine spätere Planung verschoben.

Ein Baldachin sollte angebracht, Vorhänge genäht und befestigt werden. Spiegel im Wasch-, Vor- und Gruppenraum sollten an anderen Stellen angebracht bzw. zur besseren Einsehbarkeit für Kinder schräg gestellt werden. Im Toilettenraum sollten neue Trennwände eingezogen, Topfpflanzen zwischen die Wasserleitungsrohre gestellt und die Wickelplatte tiefer gelegt werden. Im Vorraum sollten eine Verkleidungskiste aufgestellt, ein Tisch gekürzt, eine Lampe angebracht werden.

Überlegungen zur Akzentuierung bestimmter Bereiche mittels Licht, Farben und Bildern sollten gemeinsam mit den Kindern nach und nach angegangen werden. Im Gruppenraum sollten ein Klapptisch an der Wand sowie der Anfang eines flexiblen Zauns befestigt, Haken für Hängematte und Leinen eingedübelt, Haken für Baldachin, Strickleiter und Klettertau in der Betondecke angebracht werden.

Insbesondere für die letztgenannten Tätigkeiten wurde eine Abstimmung mit dem Hausmeister für unbedingt erforderlich gehalten. Zu diesem Zeitpunkt war dies allerdings nicht mehr möglich, da der Hausmeister bereits in den wohlverdienten Weihnachtsurlaub abgefahren war.

Eigener Raum für die Erzieherinnen

Daß angesichts der permanenten Aufmerksamkeitsforderung von seiten der Kinder Erzieherinnen während der Pausen ungestört sein sollten, dürfte als Selbstverständlichkeit gelten. In der Realität sieht dies allerdings meistens so aus, daß Erzieherinnen nicht in dem Maße für sich sorgen, wie es eigentlich erforderlich wäre.

Im Verlauf des Seminars wurde mehrfach festgestellt, daß eine gemütlichere Gestaltung des Erzieherinnenraumes ein dringendes Erfordernis wäre, um einen Anreiz für die Benutzung während der Pausen zu bieten. In der Tat war dieser Raum beinahe der am wenigsten wohnlichste im ganzen Haus. Daran sollte am letzten Tag entscheidendes geändert werden.

Wie so oft kam das Sorgen für die eigenen Bedürfnisse auch diesmal etwas zu kurz: Es stand lediglich eine halbe Stunde hierfür zur Verfügung, die allerdings in Form intensiven Umräumens und Ausprobierens tatkräftig genutzt wurde (hier machte sich die Erfahrung der vergangenen Woche deutlich bemerkbar). Es wurden konkrete Ideen deutlich, wie der eigene Raum eine bessere Aufenthaltsqualität erhalten könnte.

Reaktionen auf die Umgestaltung

Kinderreaktionen am zweiten Tag: Nach anfänglichem Erstaunen kamen Äußerungen wie „gut", „toll!" und das selbständige Umräumen von Einrichtungsgegenständen.

Eine Mutter am dritten Tag: „... und dafür habt ihr drei Tage gebraucht?"

Erzieherinnen bei der Abschlußreflexion:

1. Wir betrachten den Raum jetzt mit anderen Augen.
2. Wir trauen uns zu, die Räume umzugestalten:
* Jeder Raum kann sehr unterschiedlich gestaltet werden.
* Es ist wichtig, Baldachine, Hängematten, Strickleiter, Podeste (Vertikale) einzubeziehen.
* Eigener Platz für ruhige Tätigkeiten einerseits und Bewegung andererseits trägt zur Verringerung von Konflikten der Kinder untereinander bei.
* Die Lichtverhältnisse haben eine große Bedeutung für die Raumatmosphäre.
* Raumfunktion und Geschmack der Benutzer müssen berücksichtigt werden.
* Die Einbeziehung der Kinder in die Raumgestaltung ist sehr wichtig (bewußt geworden durch konkrete Erfahrung).
* Geringe Mittel sind kein Grund zur Resignation.

Reflexion

Ergänzend zu den bereits anfangs dargestellten Einschätzungen wurden folgende Äußerungen insbesondere zum Seminarverlauf gemacht:

* Der Wechsel zwischen Theorie und Praxis war anregend
* Die Spiele sorgten dafür, den Raum intensiver als sonst zu erleben
* Auch durch Musik entwickelte sich ein anders Raumgefühl
* Im Verlauf des Seminars wurden die Musikinstrumente der Kita und ihre Nutzbarkeit wiederentdeckt
* Die neuen Lieder sind effektvoll anwendbar
* Gut tat der Wechsel zwischen ruhigen und bewegten Aktivitäten
* Es entwickelten sich viele neue Überlegungen bezüglich der Gestaltung der eigenen Räume
* Es entwickelte sich mehr Zutrauen in die eigenen Fähigkeiten und ein Abstand zum Denken in starren Mustern.

Medien:
„Raum entdecken und darstellen", 16 mm-Film, Nr. 320947 (FWU)
„Vom Reiz der Sinne: Auge und Gehirn", Video 421185 (FWU)
„Räume erleben – Räume gestalten.Anregungen für Erzieher in Tageseinrichtungen für Kinder", Köln 1988 (W. Kohlhammer-Verlag)

Literaturliste

Amt für Kindertagesstättenarbeit: Räume und Sinne, 1990 (zu beziehen über Amt für Kinder-
tageseinrichtungen, Cheruskerstr. 28, 10829 Berlin; Preis: 10,- DM)
Bachmann, Rainer: Ökologische Außengestaltung in KinderGÄRTEN, FIPP Verlag, Berlin
1994
Berger, M.: in: „Spielen und Lernen" 5/89, Velber-Verlag, Seelze
Bodecker, v.: Das spielende Kind in seinen Lebensräumen, Luchterhand 1991
Centrum für Baubiologie und Ökologie: Informationen zur Baubiologie, Berlin 1994
Deutscher Verein für öffentliche und private Fürsorge: KINDER-GÄRTEN pädagogisch/
architektonisch Konzipieren und BAUEN. Frankfurt 1994
Dreier, Annette: Was tut der Wind, wenn er nicht weht, Kita-Debatte 1/1994
Fischer-Rizzi, Susanne: Himmlische Düfte. Aromatherapie, München 1994
Heinzelmann, G; Maschmann, A.: Das Wasser sieht nicht mehr weiß aus. Berlin 1993 (zu
beziehen: Gottfried Heinzelmann, Cuvrystr. 17, 10997 Berlin)
Heller, Eva: Wie Farben wirken, Rowohlt 1989
Hrsg. Senat Berlin: Hundert Sprachen hat das Kind, FiPP Verlag Berlin 1992
Hontschik, Claudia: Raumgestaltung und pädagogisches Konzept im Kindergarten. Materialien
für die sozialpädagogische Praxis 11, Deutscher Verein für öffentliche und private Für-
sorge, Frankfurt/M. 1985
Institut für Baubiologie: 1000 Tips zum gesunden Wohnen, Knaur, München 1989
Kita-Debatte: Schwerpunkt Altersmischung, 3/1993; Herausgeber: Ministerium für Bildung,
Jugend und Sport, Heinrich-Mann-Allee 107, 14460 Potsdam
Lill, G. und Sauerborn, J.: Raumgestaltung in Eltern-Initiativ-Kindertagesstätten, FIPP Verlag
Berlin 1992
Mahlke, W.: Der evangelische Kindergarten, Tagungsbericht 1993, Herausgeber: Evangeli-
scher Fachverband der Tageseinrichtungen für Kinder in Westfalen und Lippe e.V., 48011
Münster, Friesenring 32/34 (Preis 5,- DM)
Mahlke, Wolfgang: Wohnen als Lebenshilfe. Weinheim 1985
Mahlke, W. und Schwarte, N.: Raum für Kinder. Beltz Weinheim 1989
Miedzinski, K.: Die Bewegungsbaustelle, Verlag Modernes Lernen, Dortmund 1993
Montessori, R., Schneider-Henn, K.: Uns drückt keine Schulbank, Stuttgart 1983
Saint-Exupéry, Antoine: Der kleine Prinz, Rauch-Verlag, Düsseldorf 1981
Schneider, K.: Krippen-Bilder, Gruppen-Erfahrungs-Spielräume für Säuglinge und Kleinkinder,
FIPP Verlag Berlin 1993
Schneider, Kornelia: Raumstruktur, Pädagogik und Kommunikation(struktur), in: Dt. Verein,
1994, S. 70-81
Seitz, Rudolf (Hrsg.): SEH-Spiele, Don Bosco Verlag, München 1982
Umweltbundesamt (Hrsg.): Umweltbewußt leben – Handbuch für den umweltbewußten Haus-
halt, Berlin, März 1994
Zimmer, J.: Situationsansatz, Acht Fragen zu vier Ansätzen der Pädagogik im Kindergarten, in:
Theorie und Praxis der Sozialpädagogik, 5/85
Zimmer, Renate: Kreative Bewegungsspiele. Freiburg 1989, Seite 42ff
Zimmer, R.: Motorik und Persönlichkeitsentwicklung bei Kindern im Vorschulalter, Schorndorf
1981

Fotos:
S. 43 unten, 44 A. Weinrich, Spiel + Raum, Frankfurt/M
S. 53 oben rechts Carola Zedzianowski
S. 54 oben, 59 oben Kita 'Spielkiste', Treuenbrietzen
S. 57 unten Kita 'Kinderland', Pechüle
S. 99 links oben Bärbel Mietzelfeld, Bad Freienwalde
Alle anderen Fotos von den Autorinnen
Jutta Dreisbach-Olsen, Sibylle Haas-Krumm, Marianne Philipps-Prenzel, Amt für Kindertageseinrichtungen der Ev. Kirche in Berlin-Brandenburg

Zeichnungen:
S. 21, 39, 45, 46, 75, 76, 97 Sibylle Haas-Krumm, Berlin
S. 69 Anette Maschmann, Wassermuseum e.V.